KB200416

수도원에서 배우는 영성 훈련

Monk Habits for Everyday People

MONK HABITS
FOR EVERYDAY PEOPLE

수도원에서 배우는 영성 훈련

개신교 신자를 위한 수도원의 영적 습관들 | 데니스 오크홈

규장

일러두기
- 1), 2)와 같이 표기된 각주는 역자 주입니다.
- 1, 2와 같이 표기된 미주는 저자 주입니다.

수도회 영성과 영적 습관이 주는
신선한 유익

내가 처음으로 한 베네딕트[1] 수도원을 방문해 머무는 동안 나는 그곳이 개신교 신자들이 방문하기에 정말 좋은 곳이라는 점에서 깊은 감명을 받았다. 그곳에서 나는 특별한 환대를 받았을 뿐만 아니라(베네딕트 수도회 영성의 핵심 가치가 방문객들을 반기고 정성껏 대하는 태도라는 사실은 나중에 알게 되었다) 성경 말씀에 흠뻑 잠기는 듯한 느낌을 받았다. 그곳 사람들은 나에게 "성경에 귀 기울이고 말씀에 푹 잠기라"라는 말을 매일 아침, 오후, 기도 시간마다 온종일 얘기했다. 성찬식에서는 해석이 곁들여진 말

---

1) Benedict. 480-550 추정. 이탈리아 출신의 가톨릭 성자이며 베네딕트 수도회의 창시자다. 청빈, 정결, 복종을 기초로 베네딕트 수도회 규칙을 정했다. 공동생활에 바탕을 둔 본격적인 수도원을 최초로 세웠고, 수도원을 최초로 제도화하여 서유럽의 수도 방식과 문화 형성에 큰 영향을 끼쳤다. '베네딕트'에 대해서는 이 책 뒤에 실린 저자의 미주 5번을 참고하라.

씀이 전해졌지만, 그 내용은 매우 짧았다. 수도원에서는 설교를 간략하게 하는 경향이 있다.

거기서는 주일예배에서처럼 시편 몇 구절을 단편적으로 듣는 것이 아니라, 시편 몇 편을 통째로 들었다. 나는 시편 기자와 함께 분노에서 기쁨에 이르기까지, 또 쓰라린 후회에서 환희의 찬양에 이르기까지 인간의 모든 감정의 영역을 통과했다. 그리고 그러한 가운데 신앙 여정의 본질에 관해 많은 것들을 배울 수 있었다.

시편 한 편을 읽은 뒤에 다른 시편으로 넘어가기 전에는 1분의 침묵시간이 있었고 성경 말씀 한 대목을 읽은 뒤에는 2분의 침묵시간이 있었다. 이 침묵시간을 맛보면서 내 마음은 하나님 말씀에 더 온전하게 반응했다. 나는 활기차지만 경건한 태도로 성경에 몰두하는 법을 배워나갔다. 그때까지 한 번도 해보지 못한 체험이었다. 우리 교회의 주일예배는 수도원 예배보다 좀 더 어수선하고 '말이 많은' 예배, 즉 회중교회[2]의 전통과 감리교회 및

---

2) Congregational Church. 교회의 의사결정을 어떤 높은 권위 집단에 맡기지 않고 회중이 하나님 앞에서 양심의 자유에 따라 스스로 판단하고 결정하는 개신교 교파로 '조합교회'라고도 한다.

장로교회의 전통을 지닌 예배였다. 그런데 수도원에서 보낸 단 하루 동안, 나는 그동안 주일예배에 한 달간 참석하면서 들었던 성경 말씀보다 더 많은 말씀을 들은 듯했다. 또 그 말씀이 내 마음을 더 깊게 파고드는 것 같았다.

나는 수도원의 예배에 끌렸다. 그렇다고 내가 가톨릭 신자가 되어가고 있었다는 의미는 아니다. 오히려 하나님 말씀의 능력에 더 주의를 기울이는, 더 나은 개신교 신자로 살아야겠다는 도전을 받았다. 그리고 그런 도전이 바로 그들의 진심 어린 환대가 맺은 열매라는 점도 깨달았다. 방문객들을 반기고 정성껏 대하는 그들의 태도는 방문객들을 그들처럼 바꿔놓기보다 방문객들도 각자의 진정한 자아를 발견할 수 있도록 돕는 역할을 했다. 오랜 세월 방황한 후 교회를 다시 찾아가고 있던 나에게는 그러한 방식으로 성경을 다시 소개받은 체험이 값으로 따질 수 없는 뜻밖의 선물이었다.

진실한 신앙의 원뿌리를 찾아서

내가 그 수도원에서 값진 체험을 하고 있던 시점과 거의 동시

에, 이 책의 저자 데니스 오크홈(Dennis Okholm)도 내가 있던 곳
에서 동쪽으로 수백 킬로미터 떨어진 한 베네딕트 수도원에서 나
와 매우 유사한 체험을 하고 있었다는 사실을 나중에 알게 되었
다. 사실 이 책의 저자와 나는 미국인의 영성과 관련한 중대한 시
민운동의 구성원이었다. 제2차 바티칸공의회[3]가 끝난 1960년대
중반부터 많은 개신교 신자들은 수도원이 영적으로 새로워지기
위한 좋은 장소라는 것을 알게 되었다. 심지어 그런 기독교 공동
체의 '봉헌자'[4]가 되는 과정을 밟는 개신교 신자들도 있었다.

　오늘날에는 베네딕트 수도원 어느 곳이든 그곳의 방문객 숙
소에서 다양한 개신교 교파에서 온 평신도들과 성직자들을 만
날 수 있다. 거기에서 나는 영국성공회, 미국연합 그리스도교회,
나사렛교회, 하나님의 성회, 침례교회, 감리교회, 장로교회, 그리
스도의 제자교회, 루터교회, 아프리카 감리교회 등 여러 교파에
서 온 순례자들을 만나보았다.

---

3) 1962년에서 1965년까지 열린 가톨릭교회의 공의회로, 교회의 자각과 쇄신,
교회의 일치, 타종교와의 대화, 전례 개혁 등을 요구했다.
4) oblate. 수도사나 수녀가 아닌 신분으로 수도생활에 헌신하는 사람. 노동
수사 혹은 조수사라고도 함. '봉헌자'에 대해서는 이 책 뒤에 실린 저자의 미주
1번을 참고하라.

이렇게 엄청나게 다양한 사람들이 수도원에 모이기 때문에 이들이 함께 찬양하고 숙소에서 이야기를 나눌 때 사실상 즉석에서 초교파적 모임이 이루어진다. 시편과 복음서와 주기도문처럼 그리스도인들이 공통으로 지닌 축복을 한껏 즐거워하면서, 서로를 갈라놓는 요인들을 지나치게 걱정하지 않는 집회가 열리는 것이다. 이 책의 저자 데니스 오크홈은 해박한 지식을 갖춘 목사이자 신학자로서, 자신이 이런 현상을 설명하는 빼어난 안내자임을 이 책에서 입증하고 있으며, 수도원이 개신교 신자들을 끌어당기는 요인에 관한 새로운 시각을 내놓는다.

그는 개신교 신자들이 수도원에 매료되는 이런 현상은 단지 그들이 쇼핑하듯 가게를 여기저기 돌아다니며 영성을 찾아다니는 또 다른 사례가 아니라고 주장한다. 기독교 신앙의 원뿌리를 진실하게 되찾고 기독교의 분열 이전의 신앙전통과 생활방식에 다시 접속하려는 시도라는 점을 증명해 보인다. 저자는 이 책의 마지막에 덧붙인 후기(後記)에서 개신교 종교개혁자들이 수도원 제도에 반대한 본래의 이유를 살펴보는데, 그 부분이 특별히 귀하다.

이 체험 수기는 부드러운 어조에 종종 익살스럽지만, 적당히

요령을 피우면서 살아가는 개신교 신자들에 대한 도전들로 가득하다. 한 가지 예로, 저자는 교회가 새로운 목회자를 찾고자 할 때 베네딕트 수도회가 수도원장의 자질로 요구하는 규칙들을 모형으로 사용할 것을 권한다.

또 소비생활과 연예인에 푹 빠진 요즘 문화에 익숙한 사람들에게 베네딕트 수도회의 삶과 기도에 좋은 영향을 받기를 권하며, 그러면 그들이 진짜 세상에 뛰어들고자 하는 신선한 충격을 받게 될 것이라고 주장한다. 그는 오늘의 개인주의적인 사회에서 기독교 공동체가 갖는 종교적 중요성을 강조한다. 또 수도원이 세상을 위해 존재하는 그리스도의 참된 증인이라고 확신한다.

1986년, 내가 봉헌자가 되었을 때 당시 나와 같은 상황을 다루었다고 할 만한 책은 영국성공회의 신자 에스더 드 왈(Esther de Waal)이 쓴 《성 베네딕도의 길》(Seeking God)이 거의 유일했다. 그러나 지금은 베네딕트 수도회의 규칙이 수도사들만이 아니라 더 깊이 묵상하면서 기도하려고 힘쓰는 교회, 가족, 부부, 개인에게도 유용하다는 것을 개신교 신자들이 이해할 수 있게 돕는 책들이 많이 나와 있다.

그러므로 이러한 시점에서 우리가 이 책의 저자의 말에 귀 기울이는 것은 특히 중요하다. 그는 모든 그리스도인에게 해당하는 진리로서, 좋은 영적 습관이 영적 건강에 유익하다고 강조한다. 또한 "성경이 근원적인 규칙"이라는 것과 그리스도께서 그 모든 것들의 초점이며 우리의 참된 시작과 끝이시라는 것을 일깨워준다.

캐슬린 노리스
(Kathleen Norris)

서문

contents

경험은 겸손이 매우 더디게 이루어진다는 사실을 확인해준다. 만일 그것이 진정한 겸손이라면 말이다. 겸손의 정상에 이르는 데 필요한 시간을 현실적으로 재보면 40년이나 50년은 걸릴 것이다. 그 이유 중 하나는 발전이 무제한으로 지속되는 경우가 거의 없기 때문이다. 대부분의 삶에는 퇴보하고, 잘못 시작하고, 막다른 골목으로 들어가는 시기가 있다. … 우리가 이처럼 쓸데없는 일에 힘을 소모하지 않는다 해도, 우리 안에 있는 하나님의 형상을 회복하는 데는 많은 시간이 필요하다. 사다리를 오를 때 한 번도 멈추거나 장애물에 부딪히지 않고 단번에 끝까지 오르려는 사람은 아마도 젊어서 죽을 것이다. 그런 사람들을 제외한 우리 모두에게는 겸손에 이르는 일이 평생의 여정일 것이다.

    - 마이클 케이시(Michael Casey), 《A Guide to Living the Truth》의 저자

한마디로 말해서, 회개는 다시 태어나는 것이다. 회개의 유일한 목적은, 아담의 범죄 때문에 일그러지고 사실상 흔적도 없이 지워진, 우리 안에 있는 하나님의 형상을 회복하는 것이다. … 그리고 정말로 이 회

복은 한순간에, 혹은 하루나 한 해에 일어나지 않는다. 이 회복은 하나님이 그들을 성전으로 거룩하게 구별하시는 지속적이고 때로는 느린 과정을 통해 점진적으로 일어난다. 이로써 하나님께서는 친히 택하신 백성들 안에 있는 육신의 부패한 것들을 씻으시고, 그들의 죄를 깨끗하게 하시고, 그들이 일평생 회개를 실천하도록 그리고 그 싸움이 죽어서야 끝난다는 사실을 알도록 그들 마음 전체를 진정으로 정결하게 바꾸신다. 어떤 인간이든지 하나님을 닮는 데 가까워질수록 그 사람 안에서 하나님의 형상이 더 밝게 빛난다.

- 존 칼빈(John Calvin), 《기독교강요》 제3권 3장 9절

정말로 거룩해지기 전에 거룩하다고 불리기를 열망하지 말라. 더욱 참되게 거룩하다고 불리도록 먼저 거룩해져라.

- 《베네딕트 규칙서》 제4장 62절

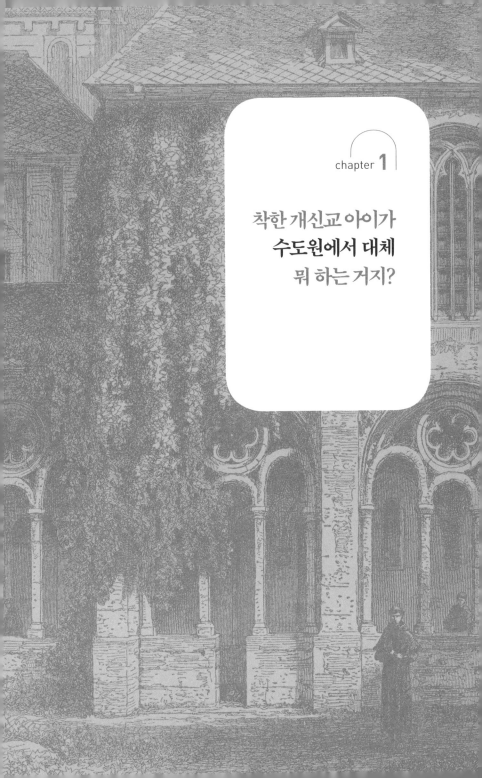

chapter 1

착한 개신교 아이가
수도원에서 대체
뭐 하는 거지?

새벽 다섯 시, 휘튼 시 연립주택에서 잠자던 우리는 우당탕 요란한 소리에 잠에서 깼다.

　'수도사들도 이렇게 일찍 일어나지는 않아!'

　잠에서 깨자마자 그런 생각이 제일 먼저 들었다. 시력이 좋지 않은 80세의 처숙모가 우리보다 훨씬 일찍 일어나 집안을 다니다가 계단 꼭대기의 평평한 벽에 걸린 커다란 나무판자 그림에 부딪힌 것이다. 처숙모는 그 그림을 계단 아래로 떨어뜨려 박살을 냈지만 벽을 더듬으면서 가던 길을 계속 갔다.

　처숙모는 다치지 않았고 여느 때처럼 쾌활했다. 그러나 나는 어리벙벙했다. 베네딕트 수도원을 처음 접한 지 3년밖에 지나지 않았는데 그 짧은 기간에 내 삶이 정말로 많이 바뀌었다고 느꼈기 때문이다. 아침에 잠에서 깨자마자 제일 먼저 수도사들을 떠올린 것이다. 그뿐 아니다. 시력이 좋지 않은 친척이 집 안 어딘가에 발부리가 걸려 넘어지지 않고 복층구조의 좁은 우리 집 어기저귀를 다행히 잘 다니는 그런 흔한 아침에는 내 입에서 가장 먼저 찬양이 나왔다.

"주여 내 입술을 열어주소서 내 입이 주를 찬송하여 전파하리이다"(시 51:15).[5]

1960년대의 크리스천 대중가수 래리 노만(Larry Norman)의 노랫말을 다르게 바꿔 이렇게 자문해볼 만한 변화였다.

"오순절교회와 침례교회에서 자라면서 로마 가톨릭 신자들을 수상하게 여기도록 배운 착한 개신교 아이가 수도사 같은 마음 상태로 대체 뭐 하는 거지?"

이 질문에 대한 대답은 하나님께서 어지럽게 흩어져있던 내 인생을 크신 섭리로 가지런히 바로잡아주신 사건들과 관계가 있다. 그 사건들은 1985년 가을에 시작되었다. 평생 지위를 보장받을 수도 있는 웨스턴켄터키대학교의 굉장히 좋은 교수직을 처음 맡고 나서 4년째 되던 해, 학년 초였다.

당시 우리 과는 학문적 정책상 새 학과장을 맞아들였다. 그는 지금은 별로 남아 있지 않은 계몽주의와 근대주의의 보루라고 할 수 있는 학교에서 학위를 딴 사람이었다(이런 사실이 그가 내게 전한 말의 배경을 설명해줄 것이다).

---

5) 이 구절은 저자가 그전에 우연히 방문했던 한 베네딕트 수도원에서 수도사들이 저녁기도 시간 이후부터 아침기도 시간까지 이어지는 '대침묵'(Great Silence)을 깨면서 낭송하는 말씀이다.

그는 우리 과 교수들과 점심을 먹으면서 개별적으로 면담하기를 원했다. 내 순서는 거의 마지막이었고 그와 나는 즐겁게 대화하면서 점심을 먹었다. 그러나 한 시간 정도 지났을 즈음, 그는 프린스턴신학대학원에서 받은 나의 신학박사 학위가 공립대학에 적절치 않기 때문에 내년부터는 더 이상 이 대학에서 가르치지 못할 거라고 통보했다.

그날 오후, 말할 것도 없이 나는 총에 맞은 듯이 비틀거리면서 집으로 돌아왔다. 우리 가족의 삶이 갑자기 방향을 잃고 말았다. 아내와 나는 하나님께서 인도하시리라고 마음을 모아 신뢰했다. 그러나 보통 인간은 '하나님의 1년이 인간에게는 천 년과 같다'라는 사실을 떠올려야 하는 상황에 놓이고 싶어 하지 않는다. 그때 나의 상황이 바로 그랬다.

뜻밖의 인생 경로

하나님께서는 좀처럼 신호를 보내지 않으셨다. 1985년도 끝이 보이고 다달이 들어오던 월급이 끊어질 날도 가까웠지만 새 직장을 구하는 일에는 별다른 소득이 없었다. 그해 가을부터 이듬해 여름까지 거의 1년 동안 나는 끊임없이 불안해하면서 지냈다. 그러면서도 한편으로는 대학에서 온종일 학생들을 가르치고, 교회 두 곳에서 말씀을 전하고, 청소년 프로그램을 감독하고, 목사 시험을 치르고, 유치원에 다니는 두 아이와 암에 걸린 장모님(우리는 당시 새로 매입한 집에서 장모님을 모시고 살았다)을 아내와 함께 경제적으로 책임져야 했다. 거기에다 논문을 끝내려고 부지런히 연구하고 있었다.

당시 우리 부부가 섬기던 장로교회의 한 동료 사역자가 나를 위해 스트레스 검사를 해주었는데(정확히 말하자면, 그는 스트레스 지수를 측정하는 과업마저도 내게 부담으로 더 얹어주고 싶어 하지 않았다) 그는 나의 스트레스 지수가 통상적인 기준을 넘어섰다고 했다.

아내와 나는 하나님의 은혜와 능력을 힘입어 그 기록적인 많은 일을 잘 헤쳐나갔지만, 아이들이 잠든 뒤에는 현관의 2인용 그네에 앉아 레몬주스를 마시면서, 길이 보이지 않는 우리의 상황을 골똘히 생각하곤 했다. 켄터키주의 눅눅한 밤을 보내던 1986년 6월 말, 하나님께서는 우리 부부의 인생 경로를 노스다코타주 쪽으로 정하시고 거기서 내가 제임스타운대학(Jamestown College)의 철학 교수와 교목(校牧)을 맡게 하셨다. 우리는 하나님께서 그렇게 인도하실 줄은 꿈에도 몰랐다.

전혀 예상하지 못한 뜻밖의 소식이었다. 당시 아내와 나는 거주하고 싶은 주(州)와 그렇지 않은 몇 곳을 심사숙고 끝에 생각해두었는데 노스다코타주는 그 어느 쪽에도 없었기 때문이다. 그러나 노스다코타주의 제임스타운대학에 이력서를 내고 몇 개월이 지난 어느 날 그쪽에서 연락이 왔다. 그때 마침 나는 켄터키주 렉싱턴에 있는 한 교회의 목회자로 갈지 말지를 결정해서 몇 시간 안에 답을 주어야 하는 상황이었다. 제임스타운대학 측에서는 내가 그 학교에 즉각 방문해주기를 원했다.

처음에 아내와 나는 미국 땅 가장 북쪽에 있는 노스다코타주의 기후조건과 지리적 여건에 대해 불평했다. 노스다코타 여행은 마치 타임머신을 타고 과거로 돌아간 것 같은 느낌을 주었다. 그러나 면접을 마치고 그 학교의 학장과 저녁식사를 하려고 마주 앉았을 때, 아내와 나는 평화가 우리의 마음을 뒤덮는 것을 느꼈다. 놀랍게도 '여기가 하나님께서 원하시는 곳이야!'라는 깨달음이 왔다.

재충전을 위한 유별난 조언

그렇게 나는 새로운 지역으로 이사해 정착하게 되었다. 교수와 교목의 책임을 떠맡고 1년 6개월 동안 본격적으로 일하자, 잠시 일에서 물러나 재충전할 시간이 절실했다.

제임스타운 대학의 학생 중에는 로마 가톨릭 신자들이 많았다(그 학교는 장로교 계통의 대학이지만 '워비곤 호수 효과'[Lake Wobegon Effect. 한 집단의 모든 구성원을 평균치 이상으로 여기는 현상]가 나타나는 지역에 있다. 거기는 장로교회 신자들보다는 루터교회 신자들과 가톨릭 신자들의 땅이다). 그래서 그곳에는 베네딕트 수도회에 소속된 미셸린느 잔처(Michaelene Jantzer)라는 유쾌한 수녀가 가톨릭 신자 학생들을 돌보기 위해 그 지역 교구에 배치되어 있었다.

나는 수도생활 50주년을 바로 앞두고 있던 진실하고 명랑하고 지혜로운 그 수녀와 금세 가까운 친구가 되었다. 그리고 그 수녀가 얼어붙은 툰드라처럼 추운 북쪽 지방 토박이였기 때문에 재충전하기 좋은 곳을 조언해달라고 청했는데 그녀는 내가 그때까지 한 번도 들어보지 못한 유별난 조언을 해주었다. 오순절교회에서 태어나고 침례교회에서 자라서 장로교회를 섬기는 개신교 신자인 나에게 말이다.

"사우스다코타주에 있는 베네딕트 수도회의 블루 클라우드 대수도원(Blue Cloud Abbey)에 전화해서 손님 숙소 책임자를 바꿔달라고 부탁한 다음, 재충전을 위한 숙박을 신청하세요."

그로부터 몇 해 전에 일리노이주의 트리니티 신학교(Trinity Evangelical Divinity School)에 다녔을 때 나는 수도원에 틀어박혀 지내는 한 수녀를 '브레드 포 월드'(Bread for World. 전 세계의 굶주린 사람들을 돌볼 목적으로 가톨릭 신자들과 개신교 신자들이 1972년에 공동으로 세운 단체) 회의에 태워다준 적이 있었다. 프린스턴 신학대학원에서 박사과정을 밟을 때는 같이 연구하던 동료 중 두 명이 수녀였으며, 켄터키주 볼링그린에 살았을 때는 근처에 수도원이 있어서 프라이어(Prior. 작은 수도원의 원장을 일컫는 호칭)

라는 직함을 지닌 사람을 우리 집 부활절 만찬에 초대하기도 했다(당시에 무슨 사연으로 그 사람을 초대했는지는 잘 기억나지 않는다).

그러나 이런 세 차례의 접촉을 통해 수도사들이 내 세상에 들어온 적은 있어도, 나는 중세의 유물이라고 여겨온 수도원에 관해 사실상 아무것도 몰랐다. 로마 가톨릭의 수양관은 말할 것도 없고 수도원에 단 한 번도 들어가 본 적이 없었다.

특히 그때는 캐슬린 노리스(Kathleen Norris. 미국의 시인, 작가. 개신교 신자. 베네딕트 수도회 봉헌자)가 첫 번째 책을 내기 몇 해 전이었다. 그녀는 자신의 책 《Dakota》(다코타)와 베스트셀러 CD 음반 〈Chant〉(챈트)에서 대부분의 사람들의 레이더망에서 벗어나 있는 금욕주의자들을 당대에 다시 소개해주었다. 그러니 미셀린느 수녀는 나에게 완전히 낯선 외국을 추천한 것이나 다름없었다.

새롭고 낯선 세상

1987년 3월 11일, 나는 집을 떠나 남쪽으로 두 시간쯤 차를 몬 다음 거기에서 왼쪽으로 방향을 틀어 동쪽으로 다시 두 시간 가량을 더 갔다(다코타주의 고속도로를 타고 여행하다 보면 방향을 바꿀 일이 그리 많지 않다). 나는 미셀린느 수녀가 소개한 수도원의 가파른 진입로를 올라가면서 들어갈지 말지 다시 한번 고민했다. 하지만 날도 너무 추웠고 이미 너무 멀리 온지라 다행히도 다시 돌아가는 쪽을 고려하지는 않았다.

나는 거기서 꼬박 이틀을 머물면서 매일 네 차례씩 수도사들과 함께 기도하고, 수도원 식당에서 함께 밥을 먹고, 그들의 체험과 수도원의 생활방식에 관해 긴 대화를 나누기로 마음먹었다 (그런데 거기에서 내가 너무 긴장하고 있었다는 사실이 첫날 저녁식사 때 드러났다. 나의 행동이 같은 식탁에 앉은 두 명의 다른 방문객들에게 유쾌한 웃음을 주고 있는 게 분명했는데 마침내 그 이유를 알게 되었다. 우리는 버터를 섞어서 구운 두툼한 과자를 먹고 있었는데, 나는 수도원에서는 아무것도 바르지 않고 먹는 줄 알았다. 그러나 알고 보니 생크림을 바르고 딸기를 얹어 먹는 것이었고, 뷔페식 탁자에 딸기와 생크림이 분명히 놓여 있었는데 내가 너무 긴장해서 보지 못한 것이다. 수도사들이 딸기를 듬뿍 얹은 과자를 좋아할 줄은 정말 꿈에도 몰랐다).

이틀의 일정을 마치고 그곳을 떠날 때 나는 심오한 무언가를 체험했다는 것과 내가 그곳에 다시 방문하게 되리라는 것을 직감했다. 집으로 돌아오는 길에 테니스 운동화를 사려고 상점가에 들렀을 때, 나는 내가 오늘의 나를 만든 소비문화에 어울리지 않는 사람이 된 것 같은 느낌이 들었다. 48시간의 체험이 내 삶에 그렇게 큰 영향을 끼친 적은 단 한 번도 없었다.

몇 개월이 지나서 나는 그 수도원을 다시 찾아갔다. 이듬해 1월 학기에 '수도사들의 습관'이라는 제목의 강의 중 하나로 10일간의 수도원 체험을 계획하기 위해서였다. 그리고 그 학기가 시작되었을 때 여섯 명의 개신교 신자 학생들과 함께 내가 1년 전 겨울에 접했던 그 새롭고 낯선 세상으로 들어갔다. 그때의 체험 덕택에 그들 중 몇 명의 삶이 완전히 변했고 나도 그때의 체험을 계기로 그 길로 더 걸어 들어갔다.

이듬해에 나는 블루 클라우드 수도원의 봉헌자[1]가 되었고, 다시 1년 뒤에는 6개월 단위로 열리는 미국 베네딕트학회(American Benedictine Academy) 회의에 참석했다. 그로부터 몇 년 뒤에는 그 학회 최초로 수도사가 아닌(가톨릭 신자가 아닌) 사람으로서 이사회 회원이 되었다. 또한 나는 베네딕트 수도회의 수도생활을 학문적으로 연구하는 데 상당한 시간을 쏟았고, 강의에서 적지 않게 가르쳤으며, 그것을 주제로 강연하고 글을 썼다. 더군다나 내가 베네딕트회의 친구들에게 늘 말하듯이, 그리스도인으로서 나의 삶은 베네딕트 수도회의 영성 덕택에 정말로 풍성해졌다. 따라서 나는 그들의 영성을 나의 개신교 형제자매들에게 전하는 전도자가 된 것을 기쁘게 여긴다.

베네딕트회 영성의 보화

이것이 내가 이 책을 쓴 이유다. 1984년에 영국성공회 신자 에스더 드 왈이 저술한 《성 베네딕도의 길》(Seeking God)이 출판된 이래로 평신도를 위한 베네딕트회의 영성에 관한 책들은 날로 더 많이 나오고 있다. 하지만 그 귀한 보화를 개신교 신자가 개신교 신자들에게 나눠주는 것, 특히 복음주의 신앙을 가진 개신교 신자기 복음주의 신앙을 가진 또 다른 개신교 신자들에게 나눠주는 내용의 책은 정말 극소수다. 나중에 설명하겠지만 이는 어느 정도 이해할 수 있는 일이다. 그러나 나는 그 귀한 보화에 대해 정말 많이 들었고, 읽었고, 그것을 실제로 경험했기 때문에 논문과 강연으로 조금씩 나눠주고만 있을 수는 없었다.

이 책에서 나는 베네딕트 수도회 외부의 몇 가지 출처에서 얻은 양념을 어느 정도 뿌려가면서 개신교 독자들(특별히 보수적이고 복음주의적인 신앙 혈통을 지닌 나 같은 사람들)과 개신교 신자가 되고 싶어 하는 사람들의 주의를 끌어, 그들의 영적인 접시에 베네딕트 수도회라는 두부를 일정량 담아보라고 권하고 싶다.

채식주의자인 내 딸은 두부를 적절하게 조리하면 그 두부와 함께 조리된 음식의 풍미가 더 살아난다고 말한다. 베네딕트회의 전통도 이 두부처럼 개신교 신자들이 이미 영적인 접시에 담아 먹고 있는 맛 좋은 음식들과 조화를 이룬다. 개신교 신자들이 이 책을 읽으면서 그런 사실을 깨닫기를 소망한다. 적어도 베네딕트회의 전통은 오늘날 문화에 스며들어 입맛만 만족시키는 수많은 영적 정크푸드(junk food)보다 영양분이 풍부한 무언가를 먹을 필요가 있는 사람들의 영적 건강에 더 좋다.

따라서 이제 내가 베네딕트회의 영성이라는 귀한 보화를 독자들에게 전할 때 이 책이 개신교 형제자매들에게 내 생각을 설명하는 '변명'(apologia) 역할을 했으면 좋겠다. 특히 일반적인 수준보다 더 격렬하게 로마 가톨릭에 반대할 뿐 아니라 종종 일반인보다 더 심각하게 수도생활을 오해하는 개신교인들에게 말이다.

사실 예배당의 긴 의자에 앉아 목회자의 설교를 듣는 교인들만 수도생활을 오해하는 것은 아니다. 유명한 대학교수로 영성에 관한 책들을 저술하여 내게 큰 유익을 주었던 한 개신교 저자가 어느 해 휘튼대학에서 강연했다. 강연이 끝난 뒤 내가 한 가지 질문을 하자 그분은 수도원 전통이 어떤 면에서도 개신교 신앙에 긍정적으로 이바지할 수 없다며 나의 질문을 간단히 무시해버렸다. 그러나 나는 수도원 전통에 대해 그분보다 더 잘 알고 있었고, 그분이 수도원 전통에 공감하는 지식이 부족해서 그렇게 말했을 거라고 생각되었다.

나는 기본적으로 베네딕트회의 영성을 개신교 종교개혁자의 후예에게 권하고 싶다. 그러나 권위 있는 종교개혁자들(예를 들어 마르틴 루터[Martin Luther]나 울리히 츠빙글리[Ulrich Zwingli] 같은)이 수도원제도를 거부했다는 점, 사람들이 베네딕트의 규칙[6]을

---

6) 베네딕트가 작성한 수도규칙서. 이 책 뒤에 실린 저자의 미주 6번을 참고하라.

떠받치고 있는 존 카시안(John Cassian. 360-435. 수도사, 영성신학자)의 신학에 대해 "절반은 펠라기우스[7] 같은"(번역하면 "절반은 이단인")이라는 꼬리표를 붙였다는 점[2]을 고려해볼 때, 유명한 그 개신교 저자가 나의 호소를 거부한 이유를 충분히 깨닫고 있다. 나는 수도사의 영성에 반대하거나 의혹을 품는 사람들을 일반 엘리트 계층보다 복음주의 개신교 신자에게서 더 많이 만나보았다. 따라서 나는 특별히 복음주의 개신교 신자를 겨냥해서(단지 그들만을 겨냥하지는 않았지만) 이 변명을 썼다.

베네딕트회의 영성을 아름답게 꾸미거나 완벽한 것으로 묘사하려는 의도는 조금도 없다. 최근에 내가 오늘의 수도사들이 어떤 면에서 베네딕트의 규칙대로 살지 못하는지를 보여주는 사례들을 열거하기 시작했을 때 강의를 듣던 가톨릭 신자 학생들 가운데 한 명이 귀를 틀어막았다. 그러나 나의 수도사 친구들은 자신들이 그 규칙에 들어맞는 삶을 살지 못한다는 사실을 누구보다 먼저 인정할 것이다.

나 역시도 이 책에서 스케치할 베네딕트회의 내부 영성의 풍경에서 멀어도 한참 먼 삶을 살고 있다는 점을 인정한다. 그러나 나는 그 수도사 친구들만큼 겸손하지 못하기 때문에 자신의 부

---

7) Pelagius(360-420). 원죄와 그리스도의 구원을 부정하는 반면, 인간의 자유의지와 노력을 강조하면서 하나님의 은혜 없이도 구원받을 수 있다고 주장한 이단. 인간의 자유의지와 원죄에 대하여 어거스틴과 펠라기우스가 벌인 논쟁은 유명하다.

족함을 인정하는 점에서 그들에게 한참 뒤떨어질 것이다(작은 수도원 같은 우리 집 식구들은 내가 베네딕트회의 영성 근처에도 다가가지 못하는 삶을 살고 있다는 사실을 보증할 것이다).

영적 근육을 키우는 습관

사실 베네딕트회의 영성은 전혀 매력적이지 않다. 그것은 지극히 평범하다. 몇 해 전, 캐슬린 노리스의 두 번째 베스트셀러 《수도원 산책》(The Cloister Walk)이 세상에 나온 직후, 나는 함께 여행하던 수도사 한 사람에게 그 책에 대해 어떻게 생각하는지 물었다. 그러자 그는 그 책을 추천하면서 경고 한 마디를 덧붙였다.

"그녀는 독자들에게 우리 수도사들의 생활이 무척이나 흥미로울 것 같은 인상을 줘요. 하지만 수도사의 삶은 정말 엄청 지루하죠!"

만약에 베네딕트가 그 말을 들었다면 분명히 손뼉 치며 칭찬했을 것이다. 수도자의 삶에 대한 신념을 품고 있던 베네딕트는 영적 금메달리스트나 종교적 슈퍼스타를 길러내는 목표를 거부했기 때문이다.

말장난하려는 게 아니다. 결국 수도사의 삶은 영혼의 고결함(성품의 특질)과 영적 근육을 키워나가는 습관의 삶이다. 사실 수도사의 삶은 건강한 전인(全人), 곧 지성과 감정과 의지가 완벽하게 조화를 이루는 인격을 키우는 것을 목표로 한다.

일반적으로 개신교 신자들은 영성에 관한 한 습관적인 행위를 좋아하지 않는다. 우리는 몇 가지 이유로 영적 실천은 오직 자연스럽게 할 때만 '진짜'라는 편견을 갖고 자란다. 그래서 신자들의 습관적인 모습(특정한 옷을 입거나 특정한 태도를 습관적으로 갈고 닦는 모습)을 볼 때, 혹은 소리 내서 기도문을 읽거나 외우는 소리를 들을 때 가짜 영성이라는 인상을 받는다.

내가 학생들과 함께 블루 클라우드 수도원에서 열흘간 모험하는 동안, 수도사들이 단조로운 음조로 시편을 함께 낭송하는 음성을 듣고서 여학생 한 명이 그런 반응을 보였다. 그러나 나중에 그 여학생은 억양 변화가 없는 그 단조로운 음조가 성가대석에서 입체적으로 나오는 시편 말씀을 더 쉽게 들을 수 있도록 한다는 것을 깨달았다. 그것은 소음처럼 들리는 개개인의 목소리 중에서 누가 시편 말씀을 얼마나 정확하게 발음하는가에 주목하려는 것이 아니었다.

우리는 건강한 잇몸을 유지하려면 규칙적으로 치실을 사용해야 한다는 치과의사의 충고나, 몸의 건강을 위해 계획을 짜서 운동하라는 의사의 지시는 고분고분 따른다. 반면 이상하게도, 영적인 삶을 유지하고 튼튼하게 하는 습관을 키워나가라는 영적 의사와 트레이너의 조언은 종종 단번에 물리쳐 버린다. 아침마다 버릇처럼 씻고 양치하고 면도하는 것이 나쁜 행동이 아니듯, 매일 아침에 일어나 습관처럼 "주여 내 입술을 열어주소서!"라는 시편 기자의 말을 낭송하는 것도 나쁜 행동이 아니다.

　이처럼 영적인 실천을 습관으로 익혀야 하기에 내가 이 책을 쓰기까지 거의 20년이 걸리지 않았나 싶다. 만약에 내가 10년 전에 이 책을 썼다면, 평평한 도로에서 생전 처음 딱 한 번 마라톤을 뛰어본 사람이 이듬해에 보스턴 마라톤(험한 코스로 유명한) 참가 준비에 관한 입문서를 쓰는 것만큼이나 주제넘은 짓이었을 것이다. 심지어 지금도 나는 이 책을 써야 할지 망설여진다. 나는 영적인 청소년이다. 그러나 청소년들이 보통 그렇듯이 앞으로 밀고 나아간다.

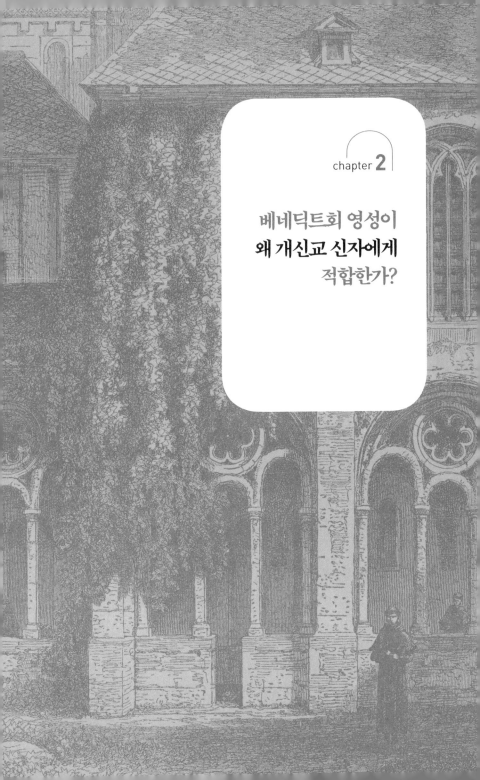

chapter **2**

베네딕트회 영성이
왜 개신교 신자에게
적합한가?

리처드 포스터(Richard Foster. 현대의 영성신학자, 교수, 저자)는 이렇게 말했다.

"오늘날 가장 절실하게 필요한 사람은 많은 수의 똑똑하거나 재능 있는 사람들이 아니라 깊이 있는 사람들이다."[3]

우리는 유명 연예인과 시시한 오락, 소비 제품 등에 쉽게 위로받으며 다양한 면에서 얕은 삶을 살아간다. 많은 이들이 깊이 뿌리내린 영적인 삶을 소망하지만 어떻게 해야 그런 삶을 일구고 가꿀 수 있는지 갈피를 못 잡는 듯하다. 깊이 있는 영적인 삶은 어떤 삶일까? 그런 삶으로 안내받으려면 누구를 의지하며 무엇에 기대야 할까?

우리는 영리하게 광고하는 최신 서적에 눈을 돌리거나, 저명한 기독교 인사의 강연을 들으려고 떼지어 몰려드는 군중에 편승하려는 유혹을 받곤 한다. 우리는 뼛속까지 현대적인 사람들이라 가장 새로운 것을 가장 좋은 것으로 여기며 앞으로 나아가야 발전한다고 믿는다.

그러나 오랫동안 지속되는 유산을 후대에 남겨서 깊고 영적인 삶을 가꾸는 데 효율적이라고 입증된 책과 교사들이 있다. 이들은 재빌견할 가치를 지니는데, 베네딕트(Benedict)가 그런 교사들 가운데 한 사람이다.

사람들이 토마스 아퀴나스(Thomas Aquinas. 1225-1274. 가톨릭 신앙과 사상을 학문적으로 정하여 세운 신학자, 철학자)에 대해 줄곧 해온 말을 베네딕트에게 똑같이 해도 무방하다.

"그는 개신교와 가톨릭으로 나뉘지 않은 기독교의 보편적인 교사다."

내가 처음 현대 베네딕트회 수도생활의 뿌리를 샅샅이 조사하기 시작했을 때, 어떤 의미에서 베네딕트가 개신교에 속해있지 않듯이 로마 가톨릭에도 속하지 않았다는 사실을 깨달았다. 베네딕트(AD 480년 출생)는 종교개혁이 일어나기 1천 년 전에 살았던 사람이다. 따라서 어거스틴(AD 354년 출생)을 존경하고 그에게 배우는 개신교 신자들은 그와 마찬가지로 당당하게, 죄책감 없이 베네딕트에게 배워도 된다.

초기 수도원제도의 시작

개신교 신자들은 자신과 아무 관계도 없는 듯 보이는 로마 가톨릭 신자들과 서구 기독교의 뿌리를 공유하고 있다. 그리고 그 뿌리에는 나중에 중세 수도원제도로 발전한 초기 단계의 수도원 제도가 포함되어 있다. 수도원제도는 AD 4세기 이전에 이미 시작되었지만, 초기에 빠른 속도로 발전한 까닭은 4세기에 콘스탄틴 황제가 회심한 뒤 기독교를 공식적으로 인정했기 때문이다.

그 결과 기독교는 '정치적 이득을 노린 약삭빠른 사람들'의 종교가 되어버렸다. 국가가 기독교의 박해자에서 보호자로 돌아서자 교회는 '세상처럼' 변질되고 믿음은 세속화되었다. 번영, 성직 임명권, 교리적이고 정치적인 분쟁, 기독교로 개종하기 위한 가지각색의 목적들, 교회와 관련된 지위를 유지하기 위한 잡다한 동기들이 바이러스처럼 교회를 감염시켰다.

이런 상황에서 수도원제도가 하나의 개혁 운동으로 발전하여 "교회의 세속화와 은혜를 싸구려로 만드는 세태에 대한 세찬 항의"[4]로 성장했다. 이러한 항의는 교회와 세상에서 멀리 물러나('물러나다'는 헬라어로 '앙코레시스'[anchoresis]인데 은둔생활을 하는 사람을 뜻하는 영어 단어 '앵커라이트'[anchorite]가 이 단어에서 나왔다) 광야('광야'는 헬라어로 '에레모스'[eremos]이며 '은둔자'[hermit]라는 영어 단어가 이 단어에서 나왔다)로 들어가는 형태로 나타났다. 사람들은 사탄과 싸우고(막 1:13) 그리스도께서 제자들에게 명하신 완전함을 이루려고 문자 그대로 예수님의 본을 따라 광야로 들어갔다. 이들은 기존 교회 안에서 세상과 접촉하는 상태로는 그리스도께서 명하신 완전함을 이룰 수 없다고 생각했다. 그렇게 광야로 물러난 사람들은 영적 단련(헬라어로 '아스케시스'[askesis]인데 운동경기와 군사적 싸움을 준비하는 혹독한 훈련을 가리키는 데 사용되었다. 금욕주의자를 뜻하는 영어 낱어 '어세틱'[ascetic]이 이 단어에서 파생됐다)에 열중했다.

그렇지만 초기의 모든 수도사가 혼자서 생활하지는 않았다. 많은 사람이 함께 모여 '라브라'(lavra)라고 불리는 결속력 느슨한 단체를 이루는가 하면, 또 다른 사람들은 오늘날 우리가 보통 수도생활을 연상하는 수도원과 유사한 공동체(라틴어로 코에노비움[coenobium]인데 '공동의'를 뜻하는 헬라어 '코이노스'[koinos]와 '생활'을 뜻하는 '비오스'[bios]를 결합한 단어다)를 이뤘다.

그들은 성령께서 그 공동체 안에서 일하신다고 여겨 한 지붕 아래에 공동의 권위를 부여하며 함께 살았다. 이들은 사도행전 2장 42절과 4장 32-35절에 기록된 초대교회의 공동생활을 의식적으로 모방하고자 재산을 공유했다. 공동체 구성원들은 청빈(poverty), 정결(chastity), 복종(obedience)을 서약했는데, 나중에 이 세 가지 덕목은 '복음적 서약'(evangelical vows) 혹은 '완전한 덕행의 권고'(counsels of perfection)라고 알려졌다.

베네딕트는 50세 때 이탈리아의 수도 로마에서 남쪽으로 97킬로미터가량 떨어진 몬테카시노(Monte Cassino)에 이와 같은 공동체를 세웠다. 그는 그곳에서 여생을 보내면서 이 특별한 수

도사 공동체를 위한 규칙을 작성했으며, 많은 영적 은사를 받은 거룩한 인물로서 명성을 얻었다. [5]

베네딕트는 쇠퇴 일로를 걷는 로마제국 말기의 정치 상황을 그대로 물려받은 시기에 살았다. 그가 태어난 5세기는, 세상이 어수선하고 분열되었다고 느낀 사람들이 세상을 이해하려고 애썼다는 점에서 21세기와 닮아 있었다. 로마제국은 이미 몰락한 상태였고 고트족, 반달족, 롬바르드족에게 여러 차례 약탈당했다. 한때 '영원한 도시'(로마)의 지배를 받아 해체된 서로마제국은 정치적으로 혼란스러웠다. 그뿐 아니라 그리스도의 신성(神性)과 은혜라는 중요한 주제를 놓고 신학 논쟁이 벌어졌는데, 여기서 승리하려는 성직자들의 더러운 거래와 부정한 술수 때문에 종교적으로도 뒤숭숭했다.

수도원제도는 바로 그런 세태에 반발하여 규제되고 훈련된, 조직화된 공동체 생활을 지향했다. 베네딕트가 처음 시작한 수도원 운동은 그로부터 몇 세기 후에 서구세계의 시민적, 종교적 재건을 향해 나아가는 강력한 세력의 하나로 성장했다. 가장 인상적인 점은, 베네딕트회 수도원들이 고대의 문헌을 보존하여 13세기의 문화 및 종교적 업적들과 15세기의 문예 부흥(Renaissance)에 이바지했다는 점이다. 그런 업적들은 베네딕트를 따르는 사람들이 하나님을 찾는 데 열중했으며, 그들이 어떻게 해야 할지를 가르친 스승의 유산을 통해 깊은 내적 삶을 가꾸고 키웠기에 따라온 부차적인 결과물이었다.

베네딕트는 AD 5세기에 널리 퍼진 풍조를 비판했다. 그리고 그로부터 1세기 전에 어거스틴이 《하나님의 도성》(The City of God)에서 타락했다고 웅변적으로 설명한, 창조된 세상의 회복을 향해 나아가는 운동을 시작했다.

베네딕트 규칙서

베네딕트회 수도사들은 베네딕트가 작성한 수도규칙의 안내를 받았다. 베네딕트의 수도규칙은 복음대로 살면서 그리스도인의 덕성을 가꾸고 키우기 위한 실제적인 지침이었다. 그 문서는 구약의 율법보다는 잠언과 같은 지혜서와 더 비슷하다. 수도자의 삶을 살아간 베네딕트는 그 생생한 체험을 바탕으로 지혜로운 삶의 전통을 후대에 물려주었다. "복음을 안내자로 삼는"(베네딕트 규칙서 서문 제21절) 베네딕트의 규칙은 수도사들에게 살아가는 법을 지시했다기보다는, 그리스도인의 일상적인 공동의 삶으로 복음의 의미를 해석하는 일종의 유연한 해석학적 장치 역할을 했다.

어떤 의미에서 이러한 베네딕트의 규칙은 내가 속한 교파(미국 장로교회)에서 목사와 장로와 집사들이 하는 서약과 크게 다르지 않다. 우리 교파에서도 "성경이 진리에 대한 믿을 만한 설명"이라는 점을 인정할 때, 그리고 하나님의 백성들을 이끌면서 "이런 신앙고백의 안내와 지침을 받겠다"라고 다짐할 때 몇 가지 서약을 하곤 한다. 장로교 지도자들은 복음에 어긋나는 다른 어떤 삶의 방식도 주장할 의도를 지니지 않는다. 그들은 복음의 방식대로 사는 법과 관련하여 장로교 전통 안에서 살아간 사람들의 체험에서 안내를 구한다. 마찬가지로 베네딕트의 규칙 (regula)⁶ 역시 수도사들이 성경대로 살도록 돕는 필수 불가결한 보조 수단으로 기능했다.

베네딕트 규칙서의 전체 분량은 대략 마태복음과 비슷한데, 당시의 수도규칙들이 적게는 수백 단어에서 많게는 5만 단어로 구성되었다는 사실을 고려하면 평균적인 분량이다. 이 규칙서는 겸손에 관한 설명 같은 이론적인 영적 가르침과 수도원의 일상을 통제하는 실제적인 규정을 아울러 갖추고 있다.

베네딕트 규칙서는 처음 7장은 이론적인 내용이고 나머지 66장은 실제적인 규정이다. 이 실제적인 규정에서는 음식을 먹는 시간과 양, 수면, 기도, 외부 세상과의 관계, 권위 구조 등을 다룬다. 그러나 거듭 말하지만, 성경이 근원적인 규칙이다. 베네딕트는 이렇게 진술한다.

"구약성경과 신약성경의 어느 한 페이지라도 인간의 삶을 위한 참된 지침이 아닌 것이 있겠는가?"(베네딕트 규칙서 제73장 3절).

베네딕트 규칙서 총 73장 가운데 12장만이 성경을 언급하지 않을 뿐이다. 베네딕트는 성경에서 인용한 구절들, 곧 개인적으로 그리고 공동체 안에서 수없이 말씀을 읽으며 훈련받은 기억에서 끌어온 성경 인용구들을 규칙서 전체에 담았다.

베네딕트의 규칙은 그가 성경을 어떻게 해석해서 자신이 세운 수도원에 적용했는지를 드러낸다. 그는 규칙서 서문에서 수도원을 "주님을 섬기기 위한 학교"라고 말한다. 이 학교에 들어간 사람은 하나님을 찾고, 알고, 사랑하기를 바라는 그리스도인 견습생으로서 제자의 길을 걷는 데 필요한 일 혹은 기술을 배울 수 있었다.

전통적이고 실제적인 규칙

베네딕트 규칙서는 본래 그가 몬테카시노에 세운 수도원의 수도자들만을 위한 지침이었지만, 서구 수도원제도의 역사 전체에서 가장 큰 영향을 미친 문서가 되었다. 사실 그 문서는 프랑크 왕국의 샤를마뉴 대제의 칙령과 더불어 AD 800년에서 1200년까지(이 기간을 '베네딕트 수도회 세기'라고 한다) 서구세계 수도생활의 규칙으로 기능했다. 또한 중세시대에 성경을 제외한 그 어떤 문학작품보다 더 많이 필사되었다.

베네딕트 규칙서가 그렇게 큰 영향을 미친 까닭은 독창적인 창작품이어서가 아니었다. 베네딕트 규칙서는 창작품이 아니라 오히려 〈The Rule of the Master〉(스승의 규칙서)[8]라는 수도규칙에서 많은 내용을 빌린 것이었다. 그 규칙서는 베네딕트 규칙보다 더 일찍 작성되었고 분량도 훨씬 많으며 실생활에 응용하기가 어려웠다. 사람들이 그 규칙보다 베네딕트의 규칙을 존중한 까닭은 더 전통적이었기 때문이다.

달리 말하자면, 베네딕트의 규칙서는 이전의 수도 체험 전체를 훌륭하게 요약하고 종합한 지침이었다. 그 내용이 단순하고 인간적이며, 자세하고 융통성 있다는 점도 긍정적인 영향을 미쳤다. 심지어 곳곳에 유머가 뿌려져 있다. 한 예로 베네딕트 규칙서 40장 "적당한 음료의 양"에서 베네딕트는 이렇게 적는다.

"우리는 수도사들이 포도주를 조금도 마시면 안 된다는 말을 읽는다. 그러나 우리 시대의 수도사에게 그 점을 이해시킬 수가 없으니 취할 정도로는 말고 적당히 마시기로 의견을 모으자"(베네딕트 규칙서 제40장 6절).

이처럼 베네딕트의 규칙은 포도주의 양에서 겸손의 단계에 이르기까지 복음을 수도사들의 일상에 현실적이고도 조화롭게 적용한다.

수도생활과 전혀 관계없는 사람들의 귀에는(때로는 수도생활과 관계있는 사람에게도) 베네딕트의 규칙 일부가 괴상하고 극단적으

---

8) 6세기에 쓰인 것으로 알려진 수도원 계율 모음집으로 저자는 알려져 있지 않다.

로 들릴지 모른다. 예를 들면, 베네딕트는 수도사들이 "웃음을 낳는 이야기들"을 전부 다 피해야 한다고 주장한다(베네딕트 규칙서 제6장 8절). 내가 아는 농담 중에 가장 우스운 몇 가지가 수도사들에게 들은 것인데도 말이다.

또한 수도사들은 이렇게 해야 한다고 말한다.

"허리띠나 허리에 두르는 끈을 착용한 채 옷을 입고 잠을 자야 하지만, 자다가 사고로 베는 일이 일어나지 않게 주머니칼은 반드시 빼놓고 자야 한다." 그리고 "젊은 형제들은 침상을 나란히 붙여놓지 말고 연장자들의 침상 사이에 놓고 자야 한다"(베네딕트 규칙서 제22장 5절 7항).

현대의 독자들은 이런 내용을 읽을 때 미리 경계한다. 그러나 너그러운 독자라면, 이런 지침들에 자신이 편견을 갖고 있지는 않은지 자문하고, 그 내용을 또 다른 관점으로 바라보려고 할 것이다. 티머시 펠타슨(Timothy Peltason)은 웰즐리대학(Wellesley College)의 신입생을 대상으로 쓴 한 논평에서 경고한다.

"어떤 책이나 주제가 여러분의 구미에 맞지 않을 때 그 책이나 주제가 부적합하다고 생각하는 실수를 저지르지 말라."[7]

우리는 어떤 책의 내용을 받아들일 능력이 없을 때 그 책을 비난할지 모른다. 그러나 고대의 문서를 읽는 것은 또 다른 문화권에서 온 사람과 대화하는 것과 같고, 더욱이 21세기의 개신교 신자의 경우에는 다른 문화권에서 왔으며 또 다른 신앙 공동체에 속한 사람과 대화하는 것과 같다. 그래서 마이클 케이시(Michael Casey)[9]는 베네딕트의 규칙을 "매우 적극적으로 읽으라"라고 권한다.[8]

공동체 영성이 주는 유익

그렇다면, 왜 개신교 신자들이 베네딕트의 규칙과 영성을 신중하게 검토하는 가운데 유익을 얻을 수 있을까? 여기에는 몇 가지 이유가 있다.

첫째, 마크 놀(Mark Noll. 저명한 복음주의 신학자, 교수, 저자)이 칭찬하면서 지적했듯이 개신교 신자들, 특별히 복음주의적 신념을 가진 개신교 신자들의 경건함은 활동가 같은 경향을 나타내 왔다.[9] 그러나 놀은 그런 태도가 개신교 신자들에게 언제나 유익을 준 것은 아니었다고 주장한다. 개신교 신자들은 마음을 발전시켜나가는 면에서 때로 게으르고 느렸다. 영적 생활의 묵상적인 측면에 소홀했다는 점도 덧붙일 수 있다. 게다가 복음주의적 활동가들의 경건성은 개별적인 경향을 띠어왔다.

그러나 최소한 베네딕트 수도회의 전통은 신자와 사역자에게 활동에서 물러날 시간과 장소를 제공한다. 가톨릭 신자들은 보

---

9) 시토 수도회 수도사, 가톨릭 신학자, 저자. '시토 수도회'에 관해서는 이 책 뒤에 실린 저자의 미주 18번을 참고하라.

통 '사도의 생활'(apostolic life)이라고 부르는 삶의 균형을 맞추려고 조용히 수련하면서 묵상할 수 있다(수도사들이 사용하는 '사도의 생활'이라는 말은 개신교 신자들이 목회 혹은 선교의 일이라고 일컫는 사역에 해당하는 개념이다).[10] 더욱이 공동체를 강조하는 베네딕트회의 전통은 건강하지 못한(기독교 신앙에 어긋나는) 개인주의를 누그러뜨린다. 영적 성숙은 개인의 골방보다 공동체를 이루고 살아가는 곳에서 발전하기 때문이다.

개신교 내부의 재침례파(Anabaptist)[10] 전통은 개인주의적 경향을 보이는 개신교 신앙에서 두드러진 예외로 주목받아 왔다. 이것은 그리 놀라운 일은 아니다. 초기의 재침례파 지도자 중 한 명인 미하엘 자틀러(Michael Sattler)가 베네딕트회의 수도자였고 한 수도원의 중요한 인물이었기 때문이다(한마디 덧붙이자면, 토머스 머튼[Thomas Merton. 트라피스트 수도회 성직자, 20세기의 영적 스승으로 불림]과 "하나님의 존재에 대한 존재론적인 증명"으로 유명한 중세의 안셀무스[Anselm of Canterbury] 같은 유명한 수도사들이 공동생활을 바탕으로 하는 베네딕트 수도회를 통해 역사 전반에 걸쳐 많이 등장했다).

둘째, 개신교 신자들이 교회에 관한 건강한 견해를 가지려면

---

10) 기독교에 입교하는 공식적인 의식에는 머리에 물을 뿌리거나 붓는 세례와 온몸을 물에 담그는 침례가 있는데, 재침례파는 세례, 특히 유아세례를 부정하면서 다시 침례를 받아야 한다고 주장한다.

베네딕트회의 형제자매들에게 배워야 한다. 바울은 에베소서 3장 14-21절에서 그의 편지를 읽는 신자들이 하나님께서 실제로 행하시는 일들의 너비와 길이와 높이와 깊이를 "모든 성도와 함께" 아는 데 이르기를 기도한다.

나는 목사 안수를 받았을 때 그 점에 대해 힘주어 말했다. 내가 새로 받아들인 전통(장로교회의 전통)의 가치와 더불어 이전에 받아들였던 다양한 전통들(오순절교회와 침례교회의 전통)의 가치를 인정한다고 사람들이 비판했기 때문이다.

사실 나는 그 당시에는 "모든 성도"라는 말에 로마 가톨릭의 베네딕트 수도회도 포함된다는 사실을 전혀 몰랐다. 그러나 복음주의 신앙이 강력하게 강조하는 종말론(세상의 '마지막 일들'에 대한 연구)에 대해 곰곰이 생각해보았을 때 로마 가톨릭의 베네딕트회 형제자매들도 "모든 성도"에 포함된다는 것을 이해할 수 있었다.

장차 언젠가 세상이 끝나는 날에 열릴 어린양의 잔치에 우리는 함께 모일 것이다. 우리는 모든 민족 가운데서 하나님께 선택받은 백성에게 둘러싸일 뿐 아니라 모든 기독교 분파에서 하나님께 선택받은 백성에게 둘러싸일 것이다. 아마도 이 땅에서 로마 가톨릭의 베네딕트 수도사들을 무가치하게 여겼던 개신교 신자들은, 그곳에서 그 형제들의 바로 오른쪽에 잔치의 주인이 앉아 계신다는 사실을 새롭게 발견할 것이다. 또한 그 형제들

바로 왼쪽에는 이 땅에서 자신들이 거부했던 동방정교회[11] 자매들이 앉아 있다는 사실도 알게 될 것이다.

우리 그리스도인들은 장차 어린양의 성대한 잔치에서 식탁에 함께 앉을 사람들과 가까이 지내는 삶을 이 땅에서부터 연습하는 것이 더 좋다. 정식 만찬에서 예의 바르게 행동할 수 있도록 예절 선생님에게 교습받는 상류사회의 어린이들처럼 말이다.

말씀을 삶으로 가져오는 영성

셋째, 지금까지 개신교 신자들은 교리를 정하는 일을 매우 능숙하게 해왔다. 그런 점에서 17세기 개신교 스콜라철학 (Scholasticism. 기독교 신앙을 학문적, 체계적으로 정리하고 이성을 통해 입증하고 이해하려 했던 중세 철학)을 따라가기 어렵다. 우리 개신교 신자들은 빈틈없는 신학 체계를 조직적으로 구석구석 꼼꼼하게 엮어 짜는 면에서 다른 사람들보다 뛰어나다. 그러나 교리를 정해놓고 언제나 능숙하게 실천하는 것은 아니라는 점이 문제다.

존 칼빈(John Calvin)은 교리가 단지 지성이나 기억에 관계된

---

11) Eastern Orthodox. 이탈리아의 수도 로마를 중심으로 동쪽에 위치한 나라들에 분포된 기독교 분파를 보통 동방교회, 동방정교회, 그리스정교회라고 일컫는다. 반면 로마 서쪽에 위치한 나라들에 분포된 기독교는 보통 서방교회(Western Church)라고 하는데 로마 가톨릭교회, 성공회교회, 루터교회, 장로교회, 감리교회 등을 모두 포함한다.

것이 아니라는 점을 타당하게 제시하며 일깨운다. 즉 교리는 수학과 같은 훈련이 아니기에 교리를 마음에 담고 행동의 일부로 삼는 과정에서 변화되어 교리 그 자체가 될 때 비로소 배울 수 있다고 주장했다.[11] 그러므로 공동생활을 하면서 성경의 진리들을 내 것으로 삼고 그대로 사는 것이 베네딕트회 영성의 목표이며 베네딕트의 규칙이 존재하는 이유다.

넷째, 개신교 신자들이 신앙과 실천의 문제와 관련하여 성경을 궁극적인 권위로 강조하는 것은 타당하다. 스탠리 그렌츠(Stanley Grenz. 침례교 계통의 복음주의 신학자, 교수, 저자)가 사용한 어구를 빌리면 성경은 "표준을 정하는 표준"[12]이다. 따라서 우리는 교사직(magisterium. 교회의 신조를 가르치는, 정식으로 인가받은 교사들)[12)]의 권위를 인정하고 따르는 로마 가톨릭 베네딕트 수도회를 수상쩍은 눈으로 볼지 모른다.

그러나 베네딕트는 기독교가 개신교와 로마 가톨릭으로 분열되기 전에 살았을 뿐 아니라, 서구세계에서 로마 주교의 지배력이 최고의 자리로 올라가기 전에 살았다는 점을 기억할 필요가 있다(이런 지위 상승은 부분적으로 6세기 로마의 주교이자 서구세계 최초의 중요한 교황임이 틀림없는 그레고리 대제[Gregory the Great. 교황 그레고리 1세의 믿기 어려운 일솜씨 덕택에 가능했다. 휘튼대학 빌리 그레이

---

12) 이 문장에 나오는 라틴어 '마지스테리움'[magisterium]은 교황을 비롯한 주교들의 권위 있는 가르침이나 가르치는 권한을 뜻하기도 한다.

엄 박물관은 북아메리카 부흥 운동 역사를 기념해서 헌정된 곳인데, 그는 이 박물관 '증인들의 방'에 있는 아홉 개의 서로 다른 벽걸이 융단 중 하나에 등장하는 성직자다).

더 중요한 점으로, 최근에 나오는 베네딕트 규칙서 영어 번역판들(이 책에서 내가 사용하는 1980년 번역판[13]도 그렇다)은 성경 인용구를 이탤릭체로 표기한다. 그 내용을 대충 훑어보아도 거의 한 줄 건너 한 번씩 성경 인용구가 나온다는 사실을 분명히 알 수 있다. 성경 말씀을 일상의 삶에 적용할 의도를 품은 사람, 성경 말씀에 깊이 잠겨 그 말씀을 일상 언어의 일부로 사용했음에 틀림없는 사람이 작성한 규칙이라면 당연히 그럴 것이다.

진짜 세상은 어디인가?

다섯째, 적어도 개신교 신자들은 몇 가지 흔한 오해를 풀 목적으로 베네딕트회의 수도생활에 대해 낱낱이 알아보는 게 좋다. 일례로, 나는 강의실에서 베네딕트회의 수도생활을 가르칠 때나 어떤 교회에서 나의 수도원 체험과 그곳에서 배운 교훈들을 강연할 때 내가 '진짜 세상'(real world)에 대해 말하지 않는다고 불평하는 소리를 종종 듣는다. 물론 이는 기정사실이 아닌 것을 사실이라고 생각한 데서 나온 불평이다. '진짜 세상'이 무엇인지 먼저 명확하게 알아야 한다.

나는 우리 학교에 다니는 한 학생의 이야기를 들으면서 무엇이 진짜 세상인지에 관해 중요한 깨달음을 얻었다. 그 여학생이 고 등학교 시절 일주일간의 수련회를 끝마치고 돌아와서 그의 아버 지에게 "이제 산꼭대기에서 내려와서 진짜 세상으로 다시 들어갈 때가 왔어요"라고 말하자 아버지는 이렇게 대답했다고 한다.

"너는 진짜 세상에 있었어!"

그 말은 그 여학생이 산에서 맛본 그리스도인 공동체의 체험 이 하나님께서 우주를 창조하셨을 때 그분이 의도하셨던 세상 에 훨씬 더 가까웠다는 뜻이다. 인간이 하나님의 창조물로 만든 세상(그 여학생이 수련회에서 돌아와 다시 들어간 세상)은 하나님께서 원래 의도하셨던 방식으로 된 것이 아니다.

사실 장터 같은 세상에서 생활하는 우리 대부분은 인생의 표 면 위에서 살아간다. 우리는 호수 표면에 생긴 막을 걷어내며 스치듯 날아가는 돌멩이처럼 수면 위를 미끄러져 나아가지만, 그 밑에 있는 인생의 진짜 깊이를 전혀 모르고 표면적으로만 인 생을 접한다. 우리는 현대사회에 널리 퍼진 '문화의 풍조'라는 덮개 아래 감추어진 진짜 세상을 종종 찾아내지 못한다.

수도원은 '진짜 세상'이 아니라고 말하는 사람들에게 나는 베 네딕트 수도회의 방식대로 살면 대부분의 다른 체험을 할 때보 다 진짜 세상으로 더 깊이 들어가게 된다고 대답할 것이다. 분 명한 사실로, 베네딕트 수도회의 삶은 햄버거 가게에서 하루 여덟 시간씩 아무 생각 없이 패티를 뒤집으면서 손님들에게 "감자 튀김도 원하세요?"라고 묻는 삶보다 훨씬 더 의미가 깊다.

나는 우리 학교 학생 중 한 명이 베네딕트 수도원 한 곳을 방문한 뒤에, 기도하는 공동체에서 시간을 다 보낼 만한 요점을 발견하지 못했다고 발표했을 때 그렇게 대답해주었다.

또한 사람들이 날마다 하는 많은 활동, 예를 들어 미국인들이 평균적으로 매일 TV를 보는 데 소비하는 4시간 35분[14]과 수도 생활의 체험을 비교해보라고 그 학생에게 제안했다. 최신 기기, TV, 유명 연예인, 전쟁, 영을 마비시키는 일들에 소모적으로 열중하는 우리의 삶이, 물질과 인간관계와 영혼의 생명을 적절한 시각으로 보는 수도자의 균형 잡힌 삶보다 더 참될까? 누가 현실을 왜곡해왔을까? 수도자들일까, 황금만능주의자들일까?

리처드 존 노이하우스(Richard John Neuhaus. 저술가. 루터교회 목사였다가 이후에 가톨릭 사제가 됨)의 다음과 같은 진술은 비록 우리의 논점과 다소 다른 상황에 적용되는 말이지만, 내가 베네딕트 수도원을 처음 방문하고 집으로 돌아오는 길에 상점가에 들렀을 때 느꼈던 방향 상실을 그대로 표현한다.

우리는 예수께서 십자가에 달리신 금요일에 대해 잠시 묵상한다. 그런 다음 이른바 진짜 세상이라고 하는 곳, 일과 쇼핑과 통근 지하철과 가정으로 이루어진 세상으로 돌아간다. 말씀을 묵상하거나 예배를 드리거나 성경을 읽을 때면 또 다른 현실이 가능하게 보이고, 믿을 수 있을 것처럼 보이고, 심지어 진짜처럼 보인다.

그러나 묵상을 끝마치거나 예배당을 떠나거나 성경책을 덮을 때면, 영화관 밖으로 나온 사람이 잠깐 깊이 빠져 살았던 또 다른 세상에 관한 생각을 떨쳐내려고 고개를 가로젓고 현실 쪽으로 방향을 돌리는 것처럼 행동한다. 그러고는 말씀을 묵상하거나 예배드리거나 성경을 읽는 동안에 가능하게 보였던 세상, 믿을 수 있을 것처럼 보이고 진짜처럼 보였던 세상이 진짜가 아니라 다른 어떤 곳에 있는 세상이 진짜라고 자신에게 말한다. 그 세상은 맞추어야 할 마감 기한, 지켜야 할 약속, 내야 할 세금, 가르쳐야 할 자녀들로 이루어진 곳이다. 그 세상은 여기, 십자가 앞에 있는 이 순간에서 멀리 떨어진 나라다. "아버지여, 저들을 용서하소서. 저들은 집으로 가는 길을 망각했습니다. 진짜 세상을 잊고 말았습니다." 여기, 십자가 앞에 있는 여기가 진짜 세상이며 세상의 축 (axis mundi)이다.[15]

나무처럼 성장하는 성화

마지막으로, 앞서 인용한 리처드 포스터의 논평으로 돌아가 생각해보자. 미국 부흥 운동의 유산을 물려받은 우리 개신교 신자들은 사람들을 그리스도께 데려올 목적으로 투자한 물질과 노력에 대한 수익을 극대화하려는 욕구를 품고 있다. 따라서 종종 소비를 동력으로 움직이고 효율성을 중요하게 여기며 결과에 초점을 맞추는 문화의 포로가 된다. 우리는 그런 문화 속에서 교회를 키워나간다.

그러나 베네딕트와 그 시대에 살았던 사람들은 그리스도인이 빠르게 퍼지는 컴퓨터 바이러스처럼 성장하기보다는 나무처럼 성장한다는 점을 우리에게 일깨운다(시편 1편의 이미지를 떠올려 보기 바란다). 초기의 수도사들은 우리가 때로 금욕주의(asceticism)라고 말하는 생활방식을 정말로 실천했다.

앞에서 말했듯이, 금욕주의라는 단어는 기마 경기나 올림픽 경기를 준비하는 운동선수들이 열중하는 단련과 관련해서 사용된 헬라어 '아스케시스'(ascesis)에서 나왔다. 즉, '아스케시스'는 그리스도의 제자(혹은 규율이 잘 잡힌 그리스도의 학생)가 성령의 은혜로운 능력을 힘입어 죄와 악령에게 맞서 싸워 이기려고 열중하는 훈련 혹은 운동이다.

신체적으로 건강해지려면 운동과 적절한 식단이 필요하다는 것은 누구나 안다. 그러나 영적으로 건강해지려면 영적인 운동과 적절한 식단이 필요하다는 것을 모두가 항상 깨닫는 것은 아니다. 종종 우리 개신교 신자들은 오직 죄를 용서받고 하나님께 받아들여지면 구원받을 수 있다고 생각하는 것 같다. 루터와 칼빈 같은 종교개혁자들은 믿음을 통해 은혜로 말미암아 하나님께 의롭다 함을 인정받는다고 강조했다. 그러나 그것이 구원의 전부는 아니다.

달라스 윌라드(Dallas Willard. 미국의 철학자, 영성신학자) 목사가 몇 해 전에 휘튼대학에서 강연하면서 넌지시 비쳤던 이미지를 이용해서 말하면, 때로 복음주의 신자들은 구원을 하나님께서 어떤 사람에게 바코드를 쾅 찍어주시는 것처럼 생각한다. 즉, 하나님께서 그 사람을 용서하시고 받아주셨다는 바코드를 일단 찍어주시면 그 사람은 세상의 종말을 알리는 나팔 소리가 들릴 때까지 그냥 서성이면서 기다린다. 그러다가 나팔 소리가 들리고 베드로가 바코드를 판독하는 전자봉으로 그 사람을 스캔해서 확인하면, 그는 진주 문을 통과해서 천국에 걸어 들어가게 된다는 것이다.

개신교 전통에서 볼 때 '칭의'(justification. 하나님께서 인간을 의롭다고 인정하시는 것)는 우리가 영적으로 거듭나는 순간에 하나님께서 시작하시는 일의 출발일 뿐이다. 하나님께 의롭다고 인정받은 우리는 이제 평생 구원을 이루어가야 한다. 성경과 신학자들은 그 과정을 '성화'(sanctification)라고 부른다. 성화는 개신교 영성의 전통 중에서 개혁교회 전통과 성결교회 전통에 속한 사람들이 특별히 강조해온 우리 삶의 한 국면이다. 그러나 최근 우리는 성화를 항상 강조해오지는 못했다. 내가 그것을 떠올리는 데는 수도사들의 도움이 있었다.

영적 건강검진

누군가 예수 그리스도와 구원의 관계를 맺기 시작할 때 〈빅〉 (Big)이라는 영화에서 톰 행크스(Tom Hanks)의 몸이 하룻밤 새에 어른으로 커졌듯이 그의 영혼이 하룻밤 사이에 완벽하게 성장하는 것은 아니다. 그 사람은 그리스도의 체육특기생으로 살기 시작해야 하며, 영혼의 근육을 키울 목적으로 영적으로 운동하고 적절하게 먹으면서(심지어 신체적으로도 적절하게 먹으면서) 훈련해야 한다.

말이 나왔으니 말인데, 그래서 해마다 사순절(부활절 전까지 주일을 제외한 40일의 기간으로 고난주간도 이 기간에 포함된다)에 훈련하는 것이 중요하다. 아내와 나는 한 베네딕트 수도사의 설명을 우리 상황에 맞게 적용하여 해마다 부활절이 오기 전에 영혼의 군살을 찾아낸다. 특별히 우리가 지은 죄를 찾아낼 목적으로 영적 건강검진을 하고, 그런 다음에는 영적으로 더 건강하게 살면서 천국의 기쁨을 미리 맛보려고 영혼의 식이요법을 스스로 처방하고 훈련한다.

우리는 종종 성화와 관련해서, 어떤 희생도 요구하지 않는 편안한 식단이나 다음 30분 동안의 활동에 필요한 탄수화물을 공급해줄 보충제 같은, 고통 없이 즉시 효과를 나타내는 해결책을 원한다. 우리는 영적인 삶을 가꾸고 키우는 사람보다는 종교를 구매해서 소비하는 사람으로 살아왔다. 이는 한껏 만족을 주면서 뱃살을 축축 늘어지게 만드는 영적 정크푸드(junk food)가 가득한, 천박한 기독교 공예품들과 서점 산업 전체를 낳았다.

우리는 남들이 잘 모르는 어떤 비법을 찾아내거나 가장 최근에 날개 돋친 듯이 잘 팔린 신앙서적을 구입하면 영적으로 건강한 그리스도인의 삶을 살 수 있다고 생각한다. 마치 40달러를 지불하고 제대로 된 운동기구를 구입하면 멋진 복근을 가질 수 있다고 약속하는 상업광고를 믿는 사람처럼 말이다. 그러나 그런 방법으로는 성숙한 그리스도인의 삶을 살아갈 수 없다.

그리스도의 제자로서의 삶은 마라톤을 준비하고 달리는 운동선수의 삶과 같다. 가장 쾌적한 운동복을 구매해도 좋고, 훈련 일정과 마라톤에 관한 정보로 가득한 서재를 꾸며도 좋고, 영화 〈불의 전차〉(Chariots of Fire. 1924년 파리 올림픽을 배경으로 영국 육상선수들의 실화를 그린 영화)를 일 년 내내 매일 봐도 좋다. 그러나 이 모든 것이 도움이 될지는 몰라도, 성숙한 그리스도인으로서 "온전하고 구비하여 조금도 부족함이 없게"(약 1:4) 되는 상태에 이르고자 할 때 반드시 열중해야 할, 눈에 띄지 않는 훈련과 식이요법을 대신하지는 못할 것이다.

이는 연주회에 나갈 실력을 갖춘 피아노 연주자가 되기를 원하는 사람이나 솜씨 좋은 조각가 또는 통찰력 있는 역사가가 되기를 원하는 사람이나 다 마찬가지다. 인생의 모든 일이 다 그렇다. 물론 그 어떤 연주자나 조각가나 역사가도 자신이 마침내 "도달했다"(arrived)라고 말하지 않을 것이다.

베네딕트회 수도사들도 마찬가지다. 사실 베네딕트회 수도 사들은 '그리스도인의 완전함'(Christian perfection)이라는 웨슬리의 개념보다는 '천국의 이쪽에서 진행되는 그리스도인의 삶의 끝없는 과정'이라는 칼빈의 개념에 더 친숙할 것이다.

수도사들은 모든 그리스도인과 마찬가지로 공동의 삶에 참여하고, 그리스도를 닮아가고, 그리스도를 닮게끔 훈련받고 있는 사람들이다. 이는 인간이 타락한 후에 잃어버려 희미한 흔적만 간직한 어떤 것, 즉 완벽하게 혹은 완전하게('완벽하게'와 '완전하게'는 헬라어로 똑같은 단어) 참된 자신이 되는 과정에 관계된 영적 성장이다.

베네딕트회의 수도자들은 칼빈이 성화의 목적에 대해 말했듯이[16] 타락한 인간 안에 있는 하나님과의 유사성, 곧 하나님의 형상을 회복하는 것을 목표로 살아간다. 다르게 말하면, 베네딕트회의 수도생활은 예수 그리스도의 제자가 되기 위한 한 가지 방법이다. 그러므로 내가 베네딕트회의 전통에서 얻은 성장을 위한 약간의 지혜와 전략을 이 책에 내놓을 때 그것이 개신교 신자들 개개인의 성화에 도움이 되기를 소망한다.

하나님을 닮아가는 여정

마지막으로, 개신교와 베네딕트 수도회의 목표는 똑같다. 하나님을 찾는 것이다. "당신은 하나님을 찾습니까?"라는 질문에 긍정으로 대답하는 것이 베네딕트 수도원에서 수련을 받는 데 유일하게 필요한 본질적인 조건이다(1년의 수련 기간과 최소 3년의 '임시 서약' 기간을 마친 뒤에 베네딕트 수도회의 종신회원이 되겠다고 최종 서약을 하는 경우가 더 흔하지만, 베네딕트 수도원들은 침례교회만큼이나 자율적이다. 따라서 각 수도원의 규칙에 따라 다르지만 9년 동안 수련한 뒤에 최종 서약을 하는 경우도 있다).

몇 해 전, 중서부에 위치한 재침례파 대학 한 곳에서 대학 학장들의 연례집회가 열렸을 때 나는 그 학교 학장인 내 친구의 요청을 받고 거기서 연설했다. 우리는 학위 예복을 차려입고 있었는데 얼마 후에 지역 신문에 내 모습을 찍은 흐릿한 흑백사진이 실렸을 때 정말 수도복을 입고 있는 수도사처럼 보였다. 그리고 신문의 머리기사도 사진에 딱 어울렸다.

"수도사가 대학에서 연설하다."

당시에는 깨닫지도 못했지만 나는 하루 동안 진짜 수도사였다. 이런 이야기를 꺼내는 까닭은 그때 내가 에스더 드 왈의 말을 인용하여 추가로 권유하면서 연설을 끝마쳤기 때문이다.

성 베네딕트는 우리에게 그리스도를 가리킵니다. 그렇게 단순합니다. 그리스도께서 시작이시고 길이시며 끝이십니다. 베네딕트의 규칙은 그 자체를 넘어 계속 그리스도를 가리킵니다. 그리고 그런 점에서 베네딕트의 규칙은 모든 연령대의 사람들이, 그들이 정말로 하나님을 찾고 있다면 그 여정의 어느 단계에 있든지 그들의 필요와 이해에 관계된 깊이와 높이에 이를 수 있게 이끌어주었고 앞으로도 계속 그럴 것입니다.[17]

내가 연설을 마치자 그 학교 학장이 다가와 말했다.

"그게 바로 내가 원하는 것이네."

정말로 그것이 언제나 개신교의 표어였다.

"오직 그리스도만으로(sola Christi)!"

기독교 공동체의 궁극적인 역할은 그리스도의 제자로서 그리스도의 형상을 갖추어가는 개인들을 길러내는 것이다. 이제 우리 개신교 신자들이 이 책에서 베네딕트회의 영성을 깊이 파고들어 연구할 때 베네딕트회의 수도사들이 실제의 삶으로 그 부분을 틀림없이 일깨워줄 것이다.

사실 자칭 기독교 공동체라고 주장하는 어떤 종교 공동체가 정말 그런지를 알려면, 그 공동체의 구성원들이 예수님의 살과 피를 먹고 마시면서 공동의 삶을 통해 어느 정도로 변화되어 그분을 닮고 있는지 확인하면 된다.

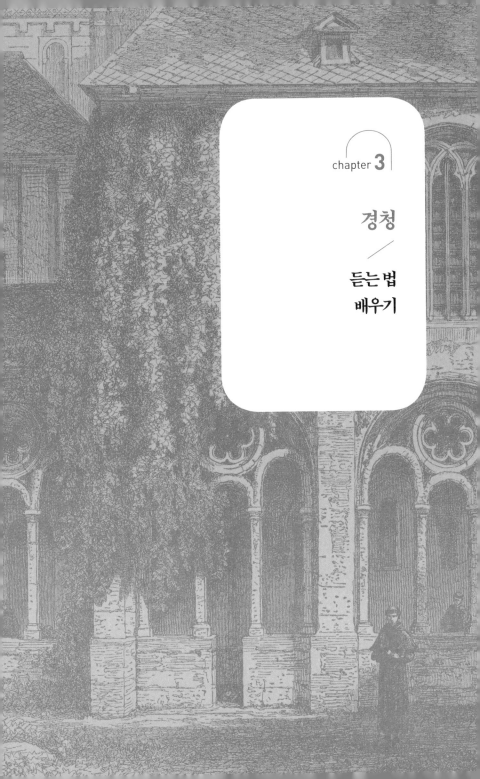

chapter **3**

경청
/
듣는 법
배우기

베네딕트 규칙서의 첫마디는 다음과 같다.

"내 아들아, 선생의 가르침을 신중하게 듣고 마음의 귀로 주의를 기울여라. 이 충고는 너를 사랑하고, 이 충고를 기꺼이 받아들이며, 이것을 신실하게 실천한 한 아버지가 주는 것이다"(베네딕트 규칙서 서문 제1절).

듣는 것. 일반적으로 개신교 신자들은 듣는 태도에 있어서 잘 듣는다고 알려져 있지는 않다. 활동가의 신앙을 지닌 우리는 조용히 듣기보다는 선지자처럼 선언하는 경향이 있다. 내가 처음 만난 수도사 중 한 사람인 가이(Guy) 신부는 그런 경향을 이렇게 평했다.

"사무엘은 '주여, 말씀하옵소서. 주의 종이 듣겠나이다'라고 말했어요. 그런데 우리는 종종 '주여, 들으세요. 주의 종이 말할게요'라고 하죠."

물론 듣는 데는 어느 정도 안팎의 침묵이 필요하다. 우리는 시끄러운 세상에 살고 있다. 당신이 지금 어디에서 이 책을 읽고 있든지, '윙~' 하는 형광등 소리와 똑딱거리는 시계 소리, 머리 위를 날아가는 비행기 소리, 달리는 자동차 소리에 이르기까지 주변의 소음이 들릴 것이다.

침묵의 영성

우리 부부의 친구 중에는 지금까지 오랫동안 오렌지카운티에서 사는 사람들이 몇 명 있는데, 몇 해 전에 그들은 손꼽아 기다리던 뉴질랜드 여행을 떠났다. 그들이 돌아온 뒤, 가장 기억에 남는 점이 무엇이냐고 한 친구에게 물었더니 그는 그곳의 시골 지역이 놀랄 정도로 조용하다는 점을 첫 번째로 꼽았다.

"수도사들의 습관"이라는 제목의 내 강의에 참여하여 베네딕트회 블루 클라우드 수도원에서 열흘 동안 생활하고 돌아온 한 학생도 그 친구와 똑같은 체험을 했다. 캠퍼스로 돌아온 뒤, 나는 그 수업에 참여했던 학생들에게 학교로 다시 들어온 느낌이 어떠냐고 물었는데 브렌트라는 학생이 이렇게 대답했다.

"기숙사가 얼마나 시끄러운지 예전엔 몰랐어요."

그 학생이 베네딕트 수도원에서 상대적인 침묵을 체험했기 때문에 그전에 당연하게 여겼던 기숙사의 소리가 더 민감하게 의식된 것이다(심지어 우리가 다녀온 수도원은 토머스 머튼이 속했던 켄터키주 겟세마네의 시토 수도회[Cistercian Order]¹⁸ 수도원 같은 트라피스트[Trappist] 수도원도 아니었다. 시토 수도회의 수도원은 진짜 조용하다).

내가 학생들을 데리고 베네딕트회 블루 클라우드 수도원을 방문했을 때 브렌트와 다른 학생들은 저녁기도 시간에 수도원 현관으로 들어가면서 새로운 세상을 체험하기 시작했다. 우리가 수도원 현관으로 들어서자 르네 수사가 희미한 불빛 아래서 낮은 목소리로 반겨주었다. 엄숙한 분위기가 흐르고 있었다. 이런 조용한 분위기가 취침 전 마지막 저녁기도까지 이어졌고, 모두가 취침에 들어가면 대 침묵(Great Silence)이 시작되었다.

다음 날 아침기도 시간에 수도사 한 사람이 입을 열었다.

"주여 내 입술을 열어주소서 내 입이 주를 찬송하여 전파하리이다"(시 51:15).

이렇게 첫마디를 꺼내면 침묵이 깨어지고, 그러면 모두가 한 목소리로 그 말씀을 복창하곤 했다. 학생들은 시편을 한 편 한 편 낭송하고, 일과로 성경 말씀을 읽었다. 공동체 전체가 느긋한 속도로 기도하는 동안에는 침묵하면서 묵상하는 시간을 체험했다. 그런 다음 모두가 저녁식사를 하기 위해 침묵 속에서 모였다. 지정된 낭독자 한 사람이 어느 책 몇 쪽을 읽어주면서 우리를 융숭하게 대접하는 동안 우리는 한마디도 하지 않고 저녁을 먹었다.

베네딕트가 수도사들이 말하는 것을 금했기 때문이 아니다. 그가 수도생활을 하던 시절에는 먹는 것부터 자는 것까지 모든 일을 위한 시설들이 다 공적이었기 때문에 사적인 공간과 시간이 거의 없었을 것이다. 그래서 베네딕트는 침묵을 권장했다. 특히 휴게실 탁자에 앉아 무언가를 읽는 동안이나 밤에 숙소에 들어갔을 때, 또 수도사들이 공동의 기도를 드리지 않는 시간에 기도실에 있을 때 침묵을 권했다. 그리고 말이 필요할 때는 드물게, 짧게, 직설적으로, 단순하게 하라고 강력히 권했으며 악의적인 말, 험담, 천박한 말, 파괴적인 말은 금했다.

이는 콜룸바 스튜어트(Columba Stewart. 베네딕트회의 수도사, 역사가, 초기 사막의 수도사들에 관한 책을 다수 저술함)의 설명대로다.

"언어 문제가 청지기 직분의 한 가지라는 점이 더 명백하게 드러난다. 언어는 사려 깊거나 경솔하게 사용할 수도 있고 겸손하거나 교만하게 사용할 수도 있는 선물이다. 하나님의 임재를 계속 의식하는 사람은 언제 어떤 식으로 말할지 알 것이다."[19]

침묵이 두려운 진짜 이유

오늘날의 수도사들에게는 베네딕트가 살았던 시대보다 사적인 공간이 더 많다. 동시에 오늘의 수도사들이 살아가는 세상도 대중매체, 전화, 전자 기기에서 나오는 소음으로 가득하다. 그렇지만 현대의 수도원은 우리 학교 학생 브렌트가 체험한 대로, 수도원 울타리 밖의 세상과 비교하면 상대적으로 조용하다.

우리는 언제나 주변 세상을 소음으로 가득 채운다. 심지어 성찬식도 소리로 가득 채워야 직성이 풀린다. 주님의 살을 먹고 피를 마시고 있다는 사실을 조용히 생각해보는 것조차 너무 부담스럽게 여긴다. 성찬식의 빵과 포도주를 받으러 앞으로 나가자마자, 혹은 빵과 포도주를 나눠주자마자 피아노나 오르간 연주가 시작되고, 그러면 우리는 그리스도의 피를 마시고 살을 먹고 있는 자신의 소리조차 듣지 못한다.

우리가 주변 세상을 소음으로 가득 채우는 이유는 침묵 자체가 두렵기 때문만은 아닐 것이다. 아마도 우리가 자신을 똑바로 바라보기를 정말로 두려워하기 때문일 것이다. 사실 나는 러시아정교회 대주교 안토니 블룸(Anthony Bloom)의 도움으로, 우리가 왜 침묵을 두려워하는지 이해했다. 그는 《기도의 체험》(Beginning to Pray)이라는 저서에서 이렇게 기록한다.

다른 할 일이 아무것도 없을 때 조용히 방에 앉으라. "나는 지금 나 자신과 함께 있어"라고 말하고 자신과 함께 있으라. 아마 놀랄 정도로 짧은 시간 안에 지루함을 느끼게 될 것이다. 이는 우리에게 매우 유용한 점 한 가지를 가르친다. 우리가 10분 동안 자신과 단둘이 있고 난 뒤에 그렇게 느낀다면, 다른 사람들도 역시

그와 10분 동안 단둘이 있고 난 뒤에 똑같이 지루함을 느끼리라
는 사실을 꿰뚫어 보게 한다.

왜 우리는 10분 동안 자신과 단둘이 있고 난 뒤에 지루함을 느낄
까? 생각, 감정, 생활을 위한 양식으로 자신에게 줄 것을 거의 갖
고 있지 않기 때문이다. 자신의 삶을 주의 깊게 지켜보면, 우리는
안에서부터 바깥쪽으로 사는 적이 거의 없고 대신에 외적인 자극
과 흥분에 반응한다는 점을 매우 빨리 발견할 것이다. 다른 말로,
우리는 반사작용과 반응으로 살아간다.

… 우리는 완전히 텅텅 비어있기 때문에 자기 내면에 근거해서 행
동하지 못하고, 우리의 삶을 바깥쪽에서 양식을 공급받는 삶으로
받아들인다. 우리는 주변에서 일어나는 일들에 익숙하고 그 일들
이 강제로 요구하는 일들을 한다. 우리가 단순하게 우리 내면에
있다고 생각하는 깊이와 풍성함의 도움을 받으면서 살지 못하는
경우가 정말로 많다.[20]

소음은 우리의 주의를 빼앗는다. 소음에 주의를 빼앗기면 자
신에게 주의를 집중하지 않아도 된다. 사실 블룸의 말이 옳다
면, 마이클 케이시가 평한 대로 우리는 외부의 자극이 없을 때
우리의 내면에서 주목할 것들을 그리 많이 갖고 있지 않다. 마이
클 케이시는 이렇게 말했다.

"우리 내면의 집에는 외부에서 받아들이는 가물거리는 이미지

들을 제외하면 아무 이미지도 없다."[21]

나는 내가 2006년에 이라크에서 봉사하던 기독교 평화유지팀(Christian Peacemaker Teams) 단원 네 명처럼 갑자기 몇 개월 동안 인질로 잡힌다면 무슨 일이 일어날지 종종 궁금하다. 그런 일이 생기면 나는 생각을 위한 양식으로 나 자신에게 공급할 것들을 충분히 가지고 있을까? 나는 여러 해 동안 매일 시편 말씀을 낭송했고, 성경을 읽었고, 시간을 정해놓고 기도했지만, 인질로 잡혀 쓸쓸하고 조용한 독방에 10분 동안 갇혀 있고 난 뒤에 과연 지루함을 느끼지 않을지 의심스럽다. 이는 썩 괜찮은 사고 실험(thought experiment. 머릿속에서 생각으로 진행하는 실험)이다.

고요 속에 들을 수 있는 것들

소음은 우리 자신을 보지 못하게 숨길 뿐 아니라 다른 사람들의 필요에 귀를 기울이고 주목하는 태도를 막는다. 내가 처음으로 베네딕트 수도원에서 수련을 끝마쳤을 때였다. 시시하게 들릴지도 모르지만, 외부 손님을 담당하는 가이 신부가 내게 보온병을 갖고 있느냐고 질문했을 때 나는 깜짝 놀랐다. 당시 나는 엄청나게 추운 다코타주의 겨울날에 네 시간가량 차를 몰고 집으로 돌아가야 하는 상황이었다. 그런데 가이 신부는 내가 곧 떠나야 할 그 여행에 세심하게 마음을 써서, 내가 집으로 가는 길에 뜨거운 커피를 홀짝홀짝 마실 거라고 예상한 것이다.

내가 가이 신부에게 보온병을 좀 구해달라고 부탁한 것도 아니었고 또 내 자동차에 보온병이 굴러다닌 것도 아니었다. 그러나 가이 신부는 만약에 그때의 상황이 갈릴리 가나 지방에서 열린 결혼식이었다면, 내가 예수님께 물을 진한 블랙커피로 바꾸어달라고 구했으리라는 것을 분명히 알아차렸다. 가이 신부는 내가 황량한 다코타주의 고속도로를 타고 얼마간 달리고 나서야 비로소 의식할 그 욕구의 소리에 이미 귀 기울이고 있었다.

듣는 법을 배우면 주변에서 일하시는 하나님의 활동을 주목할 수 있고 또 형제자매들의 필요, 곧 그들 자신조차도 의식하지 못하는 필요한 것들에 주목할 수 있다. 성찬식의 침묵은 그것을 먹고 마시는 행위 저변에 있는 실체에 초점을 맞추는 데 도움이 된다.

이렇게 성찬식에서 체험한 것과 같은 하나님의 임재를 인생의 모든 상황에서 의식하는 법을 배우는 것이 베네딕트회 영성의 한 가지 특징이다. 아마 우리는 그런 베네딕트회의 영성이 일상생활에 매우 유익하다는 점을 깨닫게 될 것이다.

인생은 밀폐된 구획들로 나눌 수 없다. 만약에 그렇게 나눌 수 있다면, 예를 들어, 기도하는 행위와 가계부의 수입 지출을 맞추는 행위는 전혀 무관할 것이다. 그러나 하나님께서는 우리의 모든 활동에 임하여 계신다. 현실의 모든 상황에 정말로 임하시고 심지어 가계부에 기록된 현실의 모든 상황에도 임하여 계신다. 하루를 살아가는 동안에 때로 발걸음을 멈추어 조용히 기도(Daily Office)[13]에 몰두하거나 말씀을 읽으면서 하나님께 영양분을 공급받으면 인생의 모든 상황에 임하여 계시는 하나님께 다시 집중하고 초점을 맞출 수 있다.

현대의 기독교 예배 가운데 일부는, 수도원 예배의식에서 특징적으로 나타나듯이 일상의 삶을 구별하여 하나님께 바치기보다는 예배를 세속화하는 경향이 있다. 하루의 일상에 기도 시간을 간간이 끼워 넣는 삶에 대해서는 다른 장에서 더 자세히 다룰 것이다. 그러나 여기서 나는 수도사들이 일상적으로 행하는 기도 훈련이 가이 신부가 나에게 보온병이 있느냐고 물었던 이유를 설명하는 데 도움이 된다고 믿는다.

일상 속 하나님 임재 의식

요점은 베네딕트회의 영성을 배우면 인생의 모든 영역과 만남에서 하나님의 임재를 의식하는[22] 데 도움이 된다는 것이다. 그러나 만약 하나님의 임재를 의식하는 이런 기본적인 통찰력을

---

13) 'Daily Office' 혹은 'Divine Office'. 가톨릭교회, 특히 수도원의 '성무일과'(聖務日課) 혹은 '성무일도'(聖務日禱)를 가리킨다. 성무일과는 원래 매일 여덟 차례 시간을 정하여 기도하는 것을 뜻했는데 제2차 바티칸공의회의 전례 개편으로 매일 일곱 차례 기도하는 것으로 바뀌었다.

쉽게 무시하고 그것을 키워나가지 않는다면 하나님에 대한 우리의 체험은 빈곤함을 면치 못할 것이다. 우리가 하나님의 임재를 의식하기만 한다면 하나님께서는 우리 인생의 모든 영역과 만남에 임하셔서 자신을 우리에게 알리신다. 그런데 우리가 그런 중요한 통찰력을 대수롭지 않게 보아 넘기면 하나님을 알 수 있는 인생의 한 측면을 스스로 막아버리는 것이 된다.

내가 베네딕트 수도원 선물 상점에서 구입한 우편엽서 한 장은 이 요점을 매우 훌륭하고 간결하게 설명한다. 그래서 나는 그 엽서를 사무실에 두고 늘 기억한다. 거기에는 에밀리 디킨슨 (Emily Dickinson. 19세기 미국의 여류시인)의 말을 인용한 문구가 적혀있다.

"하나님께서 여기에 계시니 정신 차리세요!"

수도원에서 영성 훈련을 받으면 햄버거 패티를 뒤집는 순간조차도 자신의 주변에서 실제로 일어나고 있는 일에 다시 주의를 집중할 수 있다. 하나님의 실재 속으로 더 깊이 들어가기 때문에 현실의 일상에 더 깊이 뛰어들 수 있다(즉 하나님께서 현실의 모든 상황에 임하여 계신다는 점을 더 깊이 의식하기 때문이다). 수도원의 영성 훈련은 우리를 바쁜 인생의 표면 아래로 밀어 넣어 우리 바로 옆에 계신 분을 실제로 주목하게 한다. 놀이터에서 천진난만하게 뛰어노는 아이들의 기쁨과 같은 기쁨을 체험하게 하고, 그치지 않을 듯한 온갖 새들의 노랫소리를 들을 수 있게 한다.

개신교 신자들은 복음을 내 것으로 만들어, 내가 믿고 사랑한다고 고백하는 하나님의 임재와 활동을 의도적으로 의식하면서 인생의 모든 순간을 살고 싶은 욕구에 공감할 것이다. 그러나 그렇게 살려면 좋은 습관을 통해 내면에 그런 의식을 만들고 키워야 한다.

안토니 블룸은 러시아의 우주비행사 가가린(Gagarin)이 지구로 귀환하여 하늘에서 하나님을 결코 보지 못했다고 소감을 발표했을 때의 이야기를 전한다. 우주비행사가 그런 소감을 내자 모스크바의 한 성직자가 대답했다.

"만약에 당신이 지구에서 하나님을 본 적이 없다면 하늘에서도 절대 보지 못할 것입니다."

이에 대하여 블룸은 논평한다.

"만약에 내가 아주 가까이 계신 하나님과 소통하지 못한다면, 예를 들어 현재 내가 사는 이 작은 세상에 계신 하나님과 소통하지 못한다면, 설령 얼굴에 얼굴을 맞대고 그분을 뵈어도 알아보지 못할 가능성이 매우 크다."[23]

지나치게 많은 말의 위험

듣기의 여러 측면 중에 우리가 아직 논하지 않은 중요한 측면이 하나 있다. 즉 '말하지 않는 것'이다. 이 측면을 마저 이야기하고 이번 장을 끝마치겠다. 베네딕트는 이 문제를 중요하게 여겨서 규칙서 앞부분에 기록했지만 사람들은 종종 이를 오해해왔다. 우리는 앞에서 베네딕트가 웃음을 낳는 말들을 금했다고 언급했을 때, 그 문제를 잠깐 훑어보았다.

최근 '재의 수요일'(Ash Wednesday. 사순절이 시작되는 첫 수요일)에 나는 학생들에게 사순절 기간에 영적인 훈련을 하면서 뜯어고칠 수 있는 자신의 결점을 하나씩 생각해보라고 권했다. 그러자 맨 뒷줄에 앉은 한 학생이 불쑥 끼어들어 질문했다.

"교수님은 무슨 결점을 뜯어고치실 건데요?"

나는 정직해야 했으므로 이렇게 대답했다.

"사실 몇 가지가 있는데 사순절이 본격적으로 시작되는 다음 주 초까지 결정하려고 해요. 결정하면 알려줄게요!"

하지만 나는 어떤 결점을 뜯어고쳐야 할지 이미 알고 있었다. 얼마 후 나는 학생들에게 약속했던 대로 강의시간에 그것을 발표했다. 내가 다른 사람의 말을 더 경청하는 법을 배울 필요가 있고, 그래서 소규모 스터디 모임에서 되도록 말을 적게 하려고 힘쓸 작정이라고 말이다.

당시에 내가 성공하기도 하고 실패하기도 하면서 시도한 그 목표는 바로 베네딕트가 그의 규칙서 6장과 7장 56-61절에서 수도사들에게 언제나 강력하게 요구하는 지침이었다. 즉 말을 자제하는 태도다. 베네딕트는 말을 자제하라고는 명령해도 침묵하라고 명령하지는 않는다. 누군가에게 인생의 지침이 필요하거나, 잘못된 결혼생활에 대한 조언이 필요하거나, 오해를 피하기 위한 해명이 필요할 때는 침묵이 나쁜 것이 될 수 있기 때문이다.

예를 들어 베네딕트는 수도원에 손님이 있을 때 침묵이 나쁜 것이 될 수 있다는 점을 깨달았다(베네딕트 규칙서 제42장 10절, 제53장 16절). 베네딕트회의 수도사들은 말할 때 부드럽게, 진지하게, 간결하게, 합리적으로 해야 했다(베네딕트 규칙서 제7장 60절). 외설적인 말, 남을 헐뜯는 말, 무의미한 말은 명백하게 금했다(베네딕트 규칙서 제6장 8절).

대체 왜 베네딕트는 우리가 교회에서 거의 듣지 못하는 말과 관련된 성경의 충고(시 39:1,2 ; 잠 10:19, 18:21)를 인용하는 데서 더 나아가 이 부분에 지대한 관심을 쏟았을까? 마이클 케이시는 말 때문에 생길 수 있는 위험에 대해 길게 설명하면서 이 질문에 대답한다.

"말은 경청하는 능력을 제한하고, 주의력을 없애며, 주의산만과 현실도피로 향하는 문을 연다. 지나치게 말을 많이 하면 종종 자신의 결론이 옳다고 스스로 확신하고 자기가 지혜롭다고 생각하는 데 이른다. 지나치게 말을 많이 하는 것은 알아차리기 어려운 오만과 우월감에서 나온 태도일지도 모른다. 말이라는 매개체는 종종 지배, 종속, 조종의 패턴을 굳히고 유지한다."[24]

우리는 말을 자제해야 할 때 자제하지 못하는 잘못을 종종 범하곤 한다. 전에 나의 동료였던 한 사람은 베네딕트가 우려한 전형적인 사례였다. 그는 누가 말할 때 늘 불쑥 끼어들어 창피를 주면서 깔아뭉개는 습관이 있었다. 주변 사람들은 그의 호탕한 웃음소리를 들으면서 그가 농담으로 그랬다는 사실을 알았지만, 본인은 그런 습관이 친구들과의 관계에 점점 더 크게 악영향을 미쳤다는 점과 자신의 생활에서 남을 비판하는 태도를 키웠다는 점을 전혀 알아차리지 못했다.

마이클 케이시는 우리가 짓는 '일상적인 죄' 중에 많은 부분이 대화에서 시작되거나 대화하는 동안에 일어난다고 말한다. 우리 입에서 자연스럽게 나오는 말들이 종종 '타인에 대한 친절을 반대하는 우리 내면의 일부'와 결합하기 때문에, 그리스도인의 삶의 근본적인 목적에 들어맞지 않는 말이 "우리도 모르는 사이에 우리의 노력을 뒤엎어놓을 것"[25]이라고 경고한 그의 말은 징확히 옳았다. 따라서 사람들에게 친절하게 대하면서 성장하기 원한다면 더 적게 말하고 더 많이 듣는 법을 배워야 한다. 이런 태도를 베네딕트회의 청빈의 실천과 떼어놓을 수는 없을 것이다.

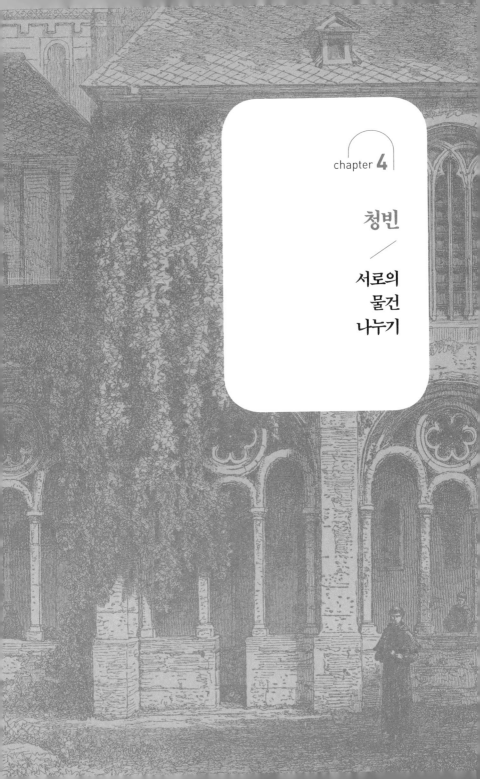

chapter **4**

청빈

———

서로의
물건
나누기

베네딕트는 규칙서 제33장과 34장에서 재산과 물건의 소유권과 분배에 관해 논한다. 그는 사도행전 4장 32-35절에 기록된 신약성경의 교회를 모델로, 실제로 실천 가능한 청빈을 정의한다. 베네딕트의 청빈 개념은 프랜시스(St. Francis)의 것과 다르다. 즉 모든 소유를 다 포기하는 가난이 아니며, 대신 모든 소유를 공동으로 나누는 생활을 청빈이라고 이해한다.

베네딕트는 형제들을 수도원에 받아들이는 절차에 관해 설명하는 장(베네딕트 규칙서 제58장 24-26절)에서 그 점을 강력하게 주장한다. 그 개념은 공동체의 모든 구성원이 모든 소유를 조금도 거리낌 없이 나누어야 한다는 것이다. 이는 어떤 물건을 서로 나누지 못한다면 그것은 사실상 '물건'이 아니라는 마르틴 루터의 개념과 유사하다. 수도사는 자신의 골방에 무엇을 가져가든지(오늘의 베네딕트회 수도사들은 옷, 알람 시계, 책, 기타 개인 물품들을 '소유'하고 있다) 청지기로서 가져가야 한다. 다른 말로, 수도사는

'자신의 것'으로 소유하고 있는 물건조차도 공동체 전체에게 혜택이 되도록 나눠야 한다.

탐욕이 미덕이 된 세상

베네딕트 수도원을 접해보라고 나에게 처음 권유했던 미셸린느 수녀는 자신이 공동체에서 훈련받던 시절에 다른 수녀들이 그들의 책에 이름을 쓰고 그 앞에 "아드 유수스"(ad usus)라는 라틴어를 적어놓았다고 말했다. 그 어구를 풀어 말하면 "미셸린느 자매용-(用)"이다. 아마도 그 어구가 우리의 집, 자동차, 책, 의복 등과 같은 모든 것에 찍어야 하는 보이지 않는 도장이 아닌가 싶다. 청지기로서 그 물건들을 사용하기 위해서 말이다.

이는 종종 욕심과 이익에 눈이 멀어 하나님나라와 다른 사람을 향한 관심보다 영리한 투자를 더 중요하게 여기는 오늘의 문화를 구제하는 훌륭한 방법이다. 우리는 이제 더 이상 탐욕을 그레고리 대제(Gregory the Great. 교황 그레고리 1세)가 말한 일곱 가지 치명적인 죄 가운데 하나로 여기지 않는다. 오히려 도널드 트럼프(Donald Trump. 미국의 부동산 부자로 제45대 대통령을 지냄)의 미덕 중 하나로 여길 정도로 소비적인 문화에서 살고 있다 (베네딕트회의 수도사 교황 그레고리 1세는 사실 에바그리우스 폰티쿠스 [Evagrius Ponticus. 346-399. 신학자, 저술가]와 존 카시안에게 전해 받은 여덟 가지 치명적인 죄의 목록을 수정하여 '일곱 가지 치명적인 죄'의 목록을 우리에게 전해주었다. 베네딕트는 이 주제를 더 깊이 탐구하고 싶다면 신학자 존 카시안을 공부해보라고 규칙서 마지막 장에서 추천한다).

보수적인 개신교 신자 가운데 많은 이가 탐욕을 미덕으로 여기지는 않지만, 불행하게도 탐욕에 빠져들지 않도록 주의하지는 않는다. 어떤 기독교 대학에서 학생들을 가르쳤을 때 학생생활위원회에 참석하여 학생들이 섹스에 빠져있는 만큼이나 물질적 소비 중독에 빠져있을지도 모른다는 의견을 냈다. 그랬더니 학생주임이 탐욕 문제로 자기 사무실을 찾아오는 젊은이는 단 한 명도 없는 반면에 성적인 문제 때문에 괴로워서 찾아오는 이들이 얼마나 많은지 알기나 하느냐고 일축했다.

나는 그것이 학생들이 야수 같은 탐욕을 정복했기 때문이 아니라, 학교 측에서(그리고 많은 학생의 모 교회에서) 탐욕 문제는 제쳐놓고 성적인 문제만 연중 내내 말하고 있기 때문일 것이라고 생각했다. 역설적으로, 당시에 탐욕을 주제로 보고서를 작성한 한 학생이 그 주제에 관한 책들을 다른 학생보다 먼저 차지하려고 도서관으로 달려갔는데, 나중에 그 책의 참고문헌 정보를 얻으려고 다시 도서관에 갔을 때는 이미 누군가가 그것을 훔쳐 간 뒤였다.

베네딕트회의 청빈 개념은 개신교의 '노동윤리'를 믿는 개신교 신자들을 위한 훌륭한 교정 수단일지 모른다. 개신교의 노동윤리는 하나님께서 구원하시기로 선택하신 사람들은 물질적 풍요로움이 그들의 특권적 지위에 대한 증거가 된다는 개념이다. 그들은 열심히 일하고, 절약하며, 유복하다.

이런 개념은 우리 부부가 노스다코타에서 시카고로 이사한 직후에 내 아내가 겪은 일과 비슷한 상황에서 두드러지게 나타난다. 우리는 시카고에 가까스로 집을 마련했다. 시카고의 부동산 시세가 비쌌던 데다가 당시 켄터키에 갖고 있던 집을 노스다코타에서 살던 3년 내내 매물로 내놓은 뒤에야 비로소 큰 손해를 보고 겨우 팔았기 때문이다. 어느 날 아내가 대학에서 열린 어느 모임에 참석했는데 내 동료 한 사람의 아내가 떠들어댔다. 아무 생각 없이 집을 감정받아 보았는데 감정가가 예상보다 훨씬 높게 나왔더라면서 그녀는 하나님께서 자기 가족을 축복하셨다고 결론지었다. 그 말을 들으니 하나님께서 왜 내 가족(그리고 나의 동료 몇 사람)에게는 그런 축복을 빼먹으시는지, 그리고 왜 도널드 트럼프 같은 욕심 많은 사람들이 부동산과 재산을 축복받은 것에 대해 하나님께 감사드리는지 궁금했다(농담이지만 말이다).

우리의 근거 없는 짐작이 우리가 어떤 사람인지를 말해준다. 우리는 종종 가난이 죄의 징표라는 편견을 품는다. 가난을 미화하려는 것이 아니라 있는 그대로 말해서, 가난이 적은 물질에 만족하고 아무것도 더 원하지 않는 태도에서 비롯된 결과일지도 모르는데 말이다. 베네딕트는 축복받은 삶이 물질적인 욕구를 성취하는 데 있지 않고, 모든 욕구의 방향을 하나님을 찾고 이웃을 사랑하는 쪽으로 다시 맞추는 데 있다고 일깨운다.

소유 대신 얻은 자유

수도자는 수도원에 들어갈 때 세상에서 가지고 있던 모든 소유를 수도원에 양도하거나 수도원 밖에 있는 가족 혹은 친구들에게 준다. 법률 서류에 도장을 찍는 것은 의식 절차의 중요한 일부다. 이렇게 소유를 포기하면 수도사는 더 크고 중요한 일들에 집중할 수 있다. 덜 중요하고 사소한 일들은 공동체 전체가 다 함께 처리하기 때문이다.

수도원에는 수도사가 '빌려' 쓸 수 있는 자동차가 있다. 모든 수도사는 구내 도서실이나 개인 숙소에서 책, 정기간행물, 잡지를 읽을 수 있다. 심지어 내가 열흘 동안 학생들과 함께 수도원에서 머물면서 약간의 기분 전환할 것을 찾았을 때는 수도원 창고에서 눈 덮인 들이나 산을 걸을 때 신는 스키를 발견할 수 있었다. 또한 수도원에서는 공동 주방에서 음식을 준비하고 배식한다. 그리고 수도사는 사적인 수입이 없기 때문에 소득신고를 하지 않는다.

수도원 방식으로 생활하면 정말로 많은 것에서 풀려나 자유로워진다. 예를 들면, 앞서 논했듯이 다른 사람의 필요와 하나님의 음성을 '들을' 수 있도록 세상의 것에서 풀려날 수 있다.

어느 동식물 연구가와 그의 친구가 바쁜 뉴욕의 인도를 걸으면서 나누었다는 이야기(출처는 미심쩍은데)가 떠오른다. 동식물 연구가가 갑자기 발걸음을 멈추더니 친구를 붙잡고 말했다.

"들어봐. 저 귀뚜라미 소리 들리지?"

친구는 못 믿겠다는 듯이 물었다.

"이렇게 시끄러운데 어떻게 귀뚜라미 소리를 들어?"

그러자 동식물 연구가가 대답했다.

"우리는 듣도록 훈련받은 소리를 듣지."

그리고 그는 실제로 증명해 보였다. 그가 인도에 동전 하나를 떨어뜨리자 수많은 보행자가 순식간에 발걸음을 멈추고 고개를 돌려 쳐다보았다.

우리는 듣노록 훈련받은 소리를 듣는다. 따라서 만약에 우리가 소유욕이 강한 소비자로 살도록 훈련받았다면, 다른 사람에게 필요한 것이나 하나님의 음성을 잘 듣도록 훈련받지는 못했을 것이다. 어쩌면 우리는 다른 사람을 섬기는 능력을 잃었을 것이다.

안토니 블룸은 베네딕트회 영성의 이런 특징을 훌륭하게 설명한다. 그는 "부자가 되는 것에서 벗어나라"라고 독자들을 격려하고 하나님나라를 위한 보화 외에 무엇도 쌓아두면 안 된다는 것(예수님이 마태복음 6장에서 지적하신 대로)을 일깨운다. 그는 다음과 같이 설명한다.

우리는 손에 무언가를 계속 안전하게 쥐고 있는 방식으로 부자가 되려고 애쓰는 순간, 잃는 사람들이 된다. 왜냐하면 손에 아무것도 갖고 있지 않을 때, 원하는 것을 무엇이든지 취하고, 남기고, 행할 수 있기 때문이다.

… 부자가 되는 것이 언제나 또 다른 차원의 빈곤을 뜻한다는 사실을 알아차린 적이 있는가? "나는 이 시계를 갖고 있어. 이건 내 거야"라고 말하면서 한 손으로 시계를 꽉 쥐면, 시계 한 개는 가질 수 있을지 모르지만 그 한쪽 손은 사용할 수 없게 된다. 재산에 생각을 집중하고 마음에 두고 있는 물건을 계속 안전하게 지키면서 절대 잃어버리지 않으려고 골몰하면, 당신 마음은 당신이 몰두하고 있는 물건만큼 하찮아진다.[26]

베네딕트는 규칙서 제34장에서 한 가지 흥미로운 점을 인정한다. 그는 필요에 따라 물건을 분배한 신약성경 교회의 원칙에 근거하여 말한다.

"누구든지 덜 필요한 사람은 하나님께 감사드려야 하며 근심하지 말아야 한다. 그러나 누구든지 더 필요한 사람은 자신의 약함으로 인해 겸손해야 하며 다른 사람들이 베풀어주는 친절로 인해 자만하지 말아야 한다"(베네딕트 규칙서 제34장 3, 4절).

모든 사람이 필요에 따라 균등하게 나눠야 한다는 이런 견해
는 더 많이 가진 사람이 강한 힘을 가진다는 우리 문화의 정설
(定說)을 뒤집어놓는다. 에스더 드 왈은 이를 매섭고 날카롭게
표현한다.

"약한 사람들이 강한 사람들보다 더 많이 가져야 한다."[27]

나는 어느 때에는 정말로 약하다.

공동소유의 나눔

리처드 포스터는 《돈, 섹스, 권력》(The Challenge of the
Disciplined Life: Christian Reflections on Money, Sex, and Power)
이라는 저서에서, 바울이 가난과 부를 포함한 모든 상황에서 만
족하는 법을 배웠다고 감옥에서 자랑한 말에 대해 깊이 생각하
고 연구한다.[28] 나는 대부분의 신자와 마찬가지로, 바울이 가난
해도 만족할 수 있었다는 사실에 깊은 인상을 받았다.

그러나 포스터는 그것이 요점을 잘못 강조한 해석이라고 통
찰력 있게 지적한다. 바울은 더 적게 갖고 있을 때보다 더 많이
갖고 있을 때 만족하기가 더 어려웠고 이는 우리 모두도 마찬가
지다. 물건을 더 많이 가질수록 더 큰 자물쇠를 채울 수밖에 없
고, 장신구를 많이 구입할수록 그것을 지키고 관리하는 데 더

많은 시간과 에너지를 소비할 수밖에 없다(간편하게 들고 다닐 수 있는 태블릿 PC에 딸린 장신구가 자꾸 늘어가는 것만 봐도 충분히 알 수 있다). 탐욕은 만족과 공존하지 못한다.

물론 공동의 나눔이라는 베네딕트회의 청빈 개념이야말로 예수님이 마태복음 6장에서 지적하신 바로 그 요점이다. 즉 썩거나 녹슬거나 도둑질당할지 모를 물건을 얻는 데 정신을 쏟지 말라는 것이다. 우리는 그런 것을 얻는 데 마음을 쏟는 대신, 하나님나라에 시간과 노력과 관심과 물질을 투자해야 한다. 다른 사람을 위한 삶에 쏟은 시간과 노력과 관심과 물질만이 장차 우리가 이 세상을 떠날 때 가져갈 수 있는 유일한 재산이기 때문이다. 세상의 어떤 영구차 뒤에도 고인이 다른 세상으로 가져갈 재물을 실은 이삿짐 트럭이 따라가지 않는다. 그러나 그 사람이 생전에 '재물 축적'이라는 귀지가 들어앉지 않게 늘 귀 청소를 해두어 다른 사람의 필요에 민감하게 귀를 기울이고 물심양면으로 보살폈다면, 그에게 영향을 받은 이들이 길게 줄지어 그 영구차 뒤를 따를지도 모른다.

꼭 수도원에 들어가야만 베네딕트의 가르침을 실천할 수 있는 것은 아니다. 그리스도인의 청지기 직분과 물질 공동소유권을 실제로 나타낼 방법은 많다. 내 딸과 사위는 그들의 자동차를 버스 정기승차권과 맞바꾸고, 도시 전역에서 시행되는 자동차 나눠 타기 프로그램에 참여한다. 그들은 자동차가 필요할 때마다 소속된 조합에 사용을 신청하고, 몇 시간 사용한 다음에는 다른 누군가가 사용할 수 있도록 지정된 장소에 반납한다. 이는 대부분의 교회가 현재 제공하고 있는 도서관 서비스 개념과 크게 다르지 않다. 그러나 우리 개신교 교회 공동체들이 이러한 '도서관' 서비스처럼, 간혹 필요하지만 굳이 소유할 필요까지는 없는 연장이나 기타 물품을 서로 나누어 빌려주면 어떨까?

언젠가 우리 교회 시설관리를 담당하는 집사님이 교회 소유의 특수한 렌치(wrench. 공구의 일종)를 빌려준 적이 있다. 그 덕분에 좀처럼 열리지 않던 우리 집 벽난로의 가스공급 파이프를 열 수 있어서 정말 고마웠다. 집사님이 렌치를 빌려주기 전에는 어쩔 줄 몰라 크게 당황했기 때문이다. 만족스러운 결과에 우쭐해진 나는 그런 공구를 하나 꼭 사야겠다고 집사님에게 말했다. 그러자 집사님은 이후로 나에게 그런 공구가 거의 필요하지 않을 테고 설령 필요하더라도 교회에서 빌려 쓰면 되니 그러지 말라고 지혜롭게 일깨워주었다.

하나님나라의 청지기로서

분명히 말하지만, 우리는 청지기로서 물질적 재화를 소비하고 자원을 사용할 때 서로에게 더 책임감을 갖고 행동할 수 있다. 케냐에 갔을 때 나는 '하람비'(harambee)를 목격한 적이 있다. 이스와힐리어 단어는 문자적으로 '함께 끌어당기다'[14]라는 뜻이다. 나는 신학대학원 학비가 필요한 미국 유학생 한 명을 위해 케냐의 한 저명한 변호사가 모금단체를 주관한 사례를 본 적이 있는데, 그것은 단순한 모금행사처럼 간단하지 않았다.

그 미국 유학생이 내게 설명한 대로 말하자면, 그 학생이 신학대학원에서 공부할 수 있게 물질을 투자한 사람들은 그가 미국에 머무는 동안 실제적인 의미에서 함께했다. 그는 공부하는 동안 장학금을 청지기로서 사용할 책임이 있었고, 귀국한 뒤에는 미국에서 배운 지식을 가지고 사회에 이바지할 책임을 졌다.

물론 꼭 모금행사를 열어야만 소비와 자원 사용에서 서로에게 더 책임을 지는 공동의 정서를 기를 수 있는 것은 아니다. 오래전, 컴퓨터 제조업체 A사가 개인용 컴퓨터를 생산하기 시작한 어느 날, 나는 무척 탐나는 최신 모델의 기능에 대해 한 친구에게 칭찬을 늘어놓았다. 그 친구는 나를 비롯한 친구 몇 명을 위해 부엌에서 음식을 준비하는 중이었다. 내가 한참 열변을 토하자 그가 감자를 깎던 손을 멈추고 나를 올려다보면서 물었다.

"그게 하나님나라에 얼마나 도움이 될까?"

나는 결국 그 컴퓨터를 사지 않았다. 그리고 그날 친절하게 나를 일깨워준 그 친구에게 지금도 고맙다.

---

14) pull together. 케냐의 국기에 새겨진 이 단어는 사회 모든 면에서 서로 협력하는 케냐 국민의 협동 정신을 나타낸다.

예수님은 소유물이 잘못된 안도감을 주기도 하고(눅 12:13-21), 예수님을 따르라는 명령을 받아들이지 못하게 막기도 하며(막 10:17-22), 심지어 하나님나라가 다른 모든 것보다 앞선다는 진리를 보지 못하게 눈을 가리기도 한다고(마 26:6-16) 일깨우신다. 베네딕트회가 종말적 관점으로 결국 죽을 수밖에 없는 인간의 최후를 늘 의식하면서 수도생활을 통해 가꾸고 키워온 것이 바로 소유물에 대한 이러한 견해다.

콜룸바 스튜어트가 지적하듯이, 베네딕트의 규칙에서 "메멘토 모리"(memento mori. 죽는다는 것을 유념하라)라는 문구는 매우 드물게 나온다. 그러나 제4장 47절 "네가 장차 죽으리라는 사실을 날마다 떠올려라"[29] 같은 내용은 예수님의 비유에서 하나님께서 부유한 농부를 꾸짖으신 부분(눅 12:16-21)과 매우 유사하게 인간의 현실적인 처지를 다시 주목하라고 요구한다. 스튜어트는 이렇게 말한다.

"결국 죽을 수밖에 없는 인간의 최후를 의식하면, 본질적인 것에 생각과 마음을 집중하는 독특한 힘을 발휘할 수 있다."[30]

이는 분명 사도 바울이 로마서 8장 후반부에서 전하는 메시지다. 마이클 케이시는 그 메시지의 관점에서 논평한다.

"베네딕트는 수도사들에게 천국에 대한 기대를 반복해서 일깨운다. 몇 세기 후에는 천국에 심취하는 태도가 베네딕트회 수도생활의 특징적인 표시 가운데 하나가 될 것이다. 그런 종말적 시야가 없으면 … 수도생활은 고유한 특징을 얻지 못할 것이다."[31]

확실히, 죽을 수밖에 없는 인간의 처지와 온전한 형태로 다가오는 하나님의 통치를 계속 떠올리면, 우리 내면에 당연히 길러야 할 수도자의 단순성을 키우는 데 도움이 된다. 사람들이 자동차 범퍼에 붙이고 다니는 스티커 문구처럼, "다른 사람들이 단순하게 살 수 있도록 단순하게 살라"(Live simply so that others may simply live)라는 명령을 우리 그리스도인들이 실천할 수 있다.

chapter 5

복종

하나님의
뜻을
구체적으로
행하기

수도원제도가 발달함에 따라 수도생활을 지지하는 사람들은 이른바 '완전한 덕행의 권고' 혹은 '복음적 서약'을 다짐했다. 복음적 서약은 청빈, 정결, 복종 이 세 가지에 대한 서약을 뜻했다. 이것은 개신교 종교개혁자들이 비판하던 '보통의' 평신도 그리스도인보다 영적 성숙을 향해 한 걸음 더 멀리 나아가야 한다고 생각하던 그리스도인의 삶의 특징이었다. 이 세 가지 서약은 '가르침들', 곧 예수님을 따르는 모든 사람이 영원한 생명을 얻으려면 반드시 지켜야 하는 규칙들과 구별되었다. 복음적 권고는 믿음의 삶에서 '별도의 거리'를 더 가기 원하는 사람들을 위한 지침이었다.

　이들은 어느 날 예수님을 찾아와 모든 계명을 다 지켰다고 말한 부유한 젊은 관원에게 예수님이 대답하신 말씀에 공감하여 따르는 사람들이었다. 곧 계명을 지키는 데서 한 걸음 더 나아가 재산을 다 팔아 이익금을 가난한 사람에게 나눠주고 예수님을 따르라고 하신 말씀이다(마 19:16-24 참고). 그들은 청빈과 독신 같은 의무를 행하면서, 하나님나라에 집중하지 못하게 주의를 흐트러뜨리는 정욕의 방해를 받지 않고 완전함을 향해 힘차게 밀고 나가곤 했다.

그러나 오늘의 수도사들은 영혼의 발전에 관한 이런 '2단계 개념'(영적 성장의 면에서 일반 그리스도인보다 한 단계 더 높다고 주장하는 개념)을 인정하지는 않는다. 그들이 우리 같은 보통 사람들이 체험하는 삶과는 다른 삶에 헌신하지만 말이다.

사라진 정결과 복종 개념

베네딕트회 수도사들은 복종, 착실함(stability), '콘베르사티오 모랄리스'(conversatio moralis. 이 라틴어는 영어로 옮기기 어렵지만, 내로 '생활의 변화' 혹은 '날마다 하나님을 향하는 행위'라는 뜻으로 이해된다)[15]를 서약한다는 점에서 독특하다. 그리고 이 세 가지 서약에는 정결과 청빈이라는 다른 두 가지 복음적 서약이 포함되어 있다.

요즘 사람들은 '정결'이라는 단어를 많이 언급하지 않는다.

---

15) 문자적으로 콘베르사티오(conversatio)는 '행실', '태도'라는 뜻이고, 모랄리스(moralis)는 '윤리적', '도덕적'이라는 뜻이다. 따라서 합쳐서 직역하면 '도덕적인 행실'이라는 의미다.

나는 성장기 시절, 소니 보노와 셰어 보노(미국의 대중가수 부부)가 그들의 딸 이름을 '채스터티'(chastity, 정결)라고 지었다는 말을 들었다(그래도 그 이름이 '문 유닛'[16]보다는 낫다고 생각한다). 더욱이 '채스터티'라는 단어가 정조대(chastity belt)를 가끔 연상시키기 때문에 그 단어를 그렇게 자주 듣지는 못한다. 이는 현대인에게 손실이며 특히 기독교 세계 안에 있는 우리에게는 큰 손실이다.

우리는 세상 사람들이 '자제'라고 일컫는 개념, 즉 정욕을 일시적으로 중단하기 위한 의지의 싸움을 가르치는 데 만족한다. 그러나 정결은 자제와 대조적으로 인간의 의지력 대신 하나님의 은혜를 의지하는 것이다. 조금만 건드려도 폭발할 것 같은 성적 접촉의 순간들 대신 고결한 성품을 키우고, 인간 경험의 한 가지 좁은 측면에 초점을 맞추는 대신 전인적(全人的)인 발달을 강조하는 덕목이다.[32] 그리스도인들은 자제라는 임의적 태도를 실천하거나 권하기보다는 오늘의 문화 속에서 살아가는 사람들이 정결을 더 존중하도록 강조해야 한다.

또 다른 복음적 서약인 복종과 관련해서도 똑같은 틈이 종종 벌어진다. 그것은 군대 밖의 일반인들이 거의 입에 올리기를 꺼리는 단어다. 그러나 그 단어야말로 그리스도인의 어휘사전에

---

16) Moon Unit. 미국의 작곡가이며 기타연주자인 프랑크 자파가 딸에게 지어 준 이름으로, 속어로 '바보', '멍청이'의 뜻임.

꼭 들어가야 한다.

수도사는 자신의 의지를 꺾고 다른 사람의 의지에 굴복한다. 이는 개인의 자율성과 선택의 자유를 매우 중요하게 여기는 현대인의 귀에는 가혹하게 들린다. 그러나 우리는 수도사가 상급자에 대한 복종을 자유롭게 결정한다는 점과 영적인 목적을 위한 수단으로 서약한다는 점을 이해해야 한다. 궁극적으로 복종은 수도사의 자유를 파괴하지 않는다. 오히려 더 강화한다. 복종은 하나님께서 어떤 개인의 삶에서 일하실 수 있도록 기회를 드린다. 만약 그 사람이 기분 내키는 대로 아무렇게나 행동했다면 불가능했을 방식으로 말이다.

토머스 머튼은 그가 수도생활을 시작했던 때를 설명하면서 이러한 점을 훌륭하게 표현했다.

"그렇게 매튜 형제가 내 뒤에서 출입문을 잠갔고 나는 새로운 자유를 주는 벽에 사방으로 에워싸였다."[33]

성경을 믿는 훌륭한 개신교 신자들, 기꺼이 제자가 되려는 마음을 지닌 훌륭한 개신교 신자들은 이 복종의 의미를 안다. 그것은 예수께서 요한복음 8장 31,32절에서 강조하신 원칙이다 (우리는 보통 그 문맥에서 32절만 따로 떼어내 귀를 기울이지만). 이 두 구절을 풀어서 해석하면 이렇다.

"예수님의 말씀 안에 거하면, 그 안에서 살면, 그분의 말씀에 순종하면, 예수님의 제자가 된다. 그러면 예수님의 말씀이 진리임을 (체험으로) 알 것이고, 그 진리에 순종할 때 자유를 얻을 것이다."

나는 지금보다 더한 근본주의자로 살았던 시절에 이것을 실감했다. 성경을 지금보다 더 글자 그대로 받아들였던 고등학생 시절이었다. 어느 날 체육 시간에 우리는 깃발 빼앗기 놀이를 했다. 그런데 무슨 이유에서인지 로키(면도날로 다듬은 머리에 가죽 재킷을 입고 발가락 부분이 뾰족하게 튀어나온 검정 구두를 신고 다녔던 한 친구)가 게임을 하는 동안에 내가 했던 어떤 말이나 행동에 불만을 품었던 것 같다. 그 애가 다가오더니 내 턱을 한 방 갈겼다 (요즘도 치과 진료를 받기 위해 입을 크게 벌리면 그 턱이 툭 빠진다).

나는 예수께서 "다른 뺨도 돌려대라"라고 하신 말씀을 진짜로 그렇게 하라는 것으로 믿을 만큼 고지식했다. 그래서 모여들었던 친구들이 다시 게임을 시작할 때까지 로키를 응시하면서 그 자리에 그냥 서 있었다(예수님의 말씀을 철저하게 따르는 제자의 태도로 그랬다기보다는, 아프기도 하고 그 상황이 믿어지지 않고 겁도 나서 그랬을 것이다). 나중에 체육 시간이 끝나 샤워를 하고 다음 수업을 준비하려고 옷을 갈아입는데 로키가 내 사물함 쪽으로 다가와 솔직한 말투로 사과했다.

"아까 때린 거 미안해!"

그날 이후로 로키와 나는 친하게 잘 지냈다. 받은 대로 돌려주기보다 예수님의 말씀 안에 거하며 순종한 행동 덕분에 로키와 나는 서로 으르렁거리면서 복수하는 악순환에서 자유롭게 벗어날 수 있었다. 그리고 나는 그날 다른 뺨도 돌려대라는 예수님의 말씀이 진리임을 깨달았다.

서로 간의 복종

마찬가지로, 수도사는 복종하지 않을 때보다 더 자유로워지기 위해 복종한다. 그러나 우리는 베네딕트회 특유의 복종에 대해 더 깊이 파고들어 살펴보아야 한다.

우선 베네딕트 수도회의 복종은 "서로 간의 복종"(베네딕트 규칙서 제71장의 제목)이다. 베네딕트회의 복종은 다른 사람에게 조언하고, 조언을 구하고, 욕구를 표현하고, 의견을 내고, 결정을 권하는 것 등과 관계있다. 그 모든 것이 공동의 유익을 위한 행동이다. 세상은 종종 순응을 요구하는 일방통행의 위계질서를 따른다. 그러나 예수님이 그러셨듯이, 베네딕트는 수도사들 사이에서 어느 한쪽이 일방적으로 순응을 요구하는 일이 일어나면 안 된다고 강력하게 주장한다. 베네딕트 공동체 구성원들은 사도 바울이 남편들과 아내들에게 "그리스도를 경외함으로 피차 복종하라"(엡 5:21. 에베소서 5장의 주제문장이다)라고 명한 것처럼 연장자이든 연소자이든 수도생활에 조화를 이뤄내는 '서로 간의 복종'을 실천해야 한다.

서로 간의 복종은 건강한 복종이다. 이는 하나님 앞에서 서로 책임지는 공동의 책임감을 북돋는다. 나는 외적인 이미지를 중요하게 여기는 어떤 대학에서 가르칠 때 정반대의 현상을 종종 체험했다. 일례로, 캠퍼스에 외부 강사를 초청하는 문제에 관해 결정해야 할 때면, 학장은 해당 분야의 전문지식을 갖춘 교수들의 자문을 얻기보다 자신이 학교의 우두머리로서 결정했다.

그런 행동은 대학 공동체 구성원들 사이에 조화로운 협의를 북돋아 공동의 책임감을 불러일으키려는 의욕에서 나온 것이 아니었다. 외부 사람들의 반응을 예상하여 획일적 순응을 요구하려는 욕구에서 나온 것이었다. 반면 베네딕트의 비전은 공동체의 건강과 지도자의 신체적, 정서적 건강에 더 좋을 뿐 아니라, 앞으로 살펴보겠지만 이 대학에 부족했던 신뢰의 분위기를 요구한다.

사람들을 찍어 누르면서 강압적으로 지휘하는 지도자들과 베네딕트의 유일한 공통점 한 가지는 '불평하는 태도'를 싫어한다는 점이다. 베네딕트는 표면 바로 아래에 놓여있는('마음에 있는'. 베네딕트 규칙서 제5장 17,18절) 불평 때문에 공동체의 단체정신이 오염되기도 한다는 사실을 이해했다. 그러나 또한 베네딕트는 '이방인들'처럼 지휘하면 그런 불평이 더 심해질 뿐이라는 점도 이해했다. '수도사들의 바람직한 열정'에 관한 베네딕트 규칙서 72장의 내용을 참고해서 복종에 관한 5장을 읽으면 이를 분명하게 알 수 있다. 베네딕트는 72장에서 로마서 12장 10절을 인용하면서 수도사들이 키워야 할 바람직한 열정을 정의한다.

그들은 다른 사람들을 존중하는 면에서 첫째가 되려고 서로 힘써야 한다. 최대한 인내하면서 서로의 신체적 약점이나 태도의 약점을 견뎌야 하며, 서로 복종하기 위해 진지하게 경쟁해야 한다. 누구든 자신에게 더 좋다고 판단한 것을 얻으려고 애쓰지 말고, 대신 다른 누군가에게 더 좋다고 판단한 것을 얻으려고 힘써야 한다. 동료 수도사들에게 형제의 순수한 사랑을, 하나님께 사랑의 경외심을, 수도원장에게는 거짓 없고 겸손한 사랑을 보여야 한다(베네딕트 규칙서 제72장 4-10절).

다시 말하면, 서로 간의 복종은 형제자매가 서로에게 사랑의 존경심을 보여주면서 전달하는 하나님의 사랑을 통해 흘러나온다.

베네딕트 수도원은 이런 식으로 불평을 예방한다. 일주일씩 취사 근무를 배당받은 수도사들이 남들은 다 식사하는데 자신들은 시중든다고 불평하지 않도록 식사 시간 한 시간 전에 그들에게 별도로 음료와 빵을 주어서 불평을 미리 방지한다(베네딕트 규칙서 제35장 12,13절).

수도원장은 각각의 계절의 필요에 따라 식사 시간을 잘 조정해서 공동체 구성원들이 '정당한 불평' 없이 계속 일할 수 있도록 마음을 써서 불만을 막는다(베네딕트는 정당한 불만에 전혀 반대하지 않는다. 베네딕트 규칙서 제41장 5절).

식당에서 손님들을 시중드는 일에 추가로 도움이 필요할 때는 다른 수도사들의 도움을 받으면 불만 없이 봉사할 수 있다(베네딕트 규칙서 제53장 18절). 그리고 수도원장이 수도사들의 의복에 신중하게 마음을 쓰면 수도복의 '색깔이나 조잡함'에 대한 불만이 줄어든다(베네딕트 규칙서 제55장 7,8절).

이처럼 베네딕트의 규칙은 "서로 돌아보아 사랑과 선행을 격려"하라는 히브리서 10장 24절의 권면을 실천하는 구체적인 지침들을 포함하고 있다. 지금보다 더 많은 기독교 단체들이 베네딕트가 구체적으로 강력히 주장하는 것만큼 구성원들을 존중한다면, 그가 규칙서 제72장에서 말한 '서로에게 복종하려는 경쟁'이 일어나지 않을까 생각한다.

경청을 통한 복종 훈련

불평을 멈출 때, 들을 수 있는 유리한 위치에 서게 된다. 그리고 사실 경청의 목적은 복종에 있다(흥미로운 사실로, 라틴어 '오보에디오'[oboedio]는 '복종하다'의 뜻도 있고 '경청하다'의 뜻도 있다). 나는 형제자매들에게 필요한 것을 듣거나 혹은 그리스도인 형제자매들을 통해 하나님의 명령을 들을 때, 순종으로 응답한다.

수도사들은 형제자매에게 필요한 것을 듣고 바로 복종하면서 반응한다. 나는 수도원에 머무는 동안 매일 저녁식사를 할 때마다 이러한 사실을 알아차렸다. 베네딕트의 규칙에는 '식탁에서의 낭송'이라는 조항이 있다(베네딕트 규칙서 제38장). 그래서 베네딕트회 수도원에서는 식사 시간마다 수도사 한 사람을 배정하여 나머지 모두가 침묵하면서 식사하는 동안에 정선된 책의 일정 분량을 공동체 전원에게 큰 소리로 낭송해준다. 그리고 이것은, 만약 나에게 필요한 소금이나 후춧가루가 식탁 저 건너편에 놓인 경우, 입을 열어 건네 달라고 말하는 대신에 내가 원하는 것을 누군가가 알아차리거나 나의 손짓을 누군가가 읽어낼 수 있기를 희망해야 한다는 뜻이다.

하지만 걱정하지 말라. 수도사들은 서로에게 복종하도록 훈련받은 사람들이다. 그들은 침묵의 부탁 소리를 '듣고' 민첩하게 복종하면서 반응한다. 거듭 말하지만, 이는 훈련의 문제다. 매일 저녁 침묵하면서 식사하면 식탁에 함께 앉아있는 사람들에게 필요한 것과 그들이 원하는 것을 내다보는 법을 배울 수 있다.

언젠가 평일 아침에 열린 성찬식이 끝난 뒤에 성공회 신자 몇 사람과 아침식사를 했을 때, 나는 아직 훈련이 부족하다는 것을 부드럽게 깨닫게 되었다(나는 다른 교파 그리스도인들의 생각을 들으려고 종종 성공회 신자들과 예배를 드린다). 내가 접시에 담긴 달걀과 베이컨과 토스트를 정신없이 먹고 있을 때 건강에 좋은 귀

리죽 한 그릇을 먹으려고 준비하던 마크가 가만히 말했다.

"데니스, 거기에 있는 흑설탕을 당신의 형제에게 좀 건네주시
겠어요?"

당시 나는 훈련받는 중이었다. 복종과 겸손 같은 관계적인 덕
목은 오직 공동체 안에서만 배울 수 있기 때문이다. 이러한 이유
로 베네딕트는 수도사들이 "수도원에서 오래 생활하는 시험"을
거치고 "많은 사람의 도움과 안내 덕택에 마귀에 맞서 싸우도록
훈련"받으며 "육신과 정신의 악덕에 혼자 힘으로 맞붙어 싸우도
록 훈련받은"(베네딕트 규칙서 제1장 3-5절) 후에야 비로소 사막의
은둔자로 살아갈 수 있다고 강력히 주장한다. 주변에 아무도
없고 혼자일 때는 복종과 겸손을 실천하기 어렵다. 나는 어떤
형제나 자매와 상호작용을 할 때마다 그들이 요청하는 소리(말
로 표현하지 않더라도)를 듣고 복종할 수 있는 또 다른 기회를 얻
는다. 따지고 보면 복종은 결국 민감성이다.

그러나 궁극적으로, 나는 형제자매들의 요청을 듣고 복종하
는 자발성 이상의 무언가를 키우려고 훈련받는 중이다. 나는 하
나님께서 오늘 나에게 하시는 말씀을 들을 수 있게 준비되기를
원한다. 하나님 말씀에 순종하거나 사람들의 필요에 복종하는
행위에 관해 말하자면, 설탕을 달라고 말로 표현한 성공회 친구
의 요청에 내가 복종한 때보다는 소금을 원하는 나의 침묵의 요
청에 수도사들이 복종한 때처럼 상대방이 무엇을 원하는지 정확

히 짚어내는 명확성이 가장 중요하다. 특히 하나님의 요구에 반응할 때는 더 그렇다. 예를 들어, 만약에 예수님의 모친 마리아가 하나님의 뜻을 정확히 모르는 상태에서 선택권을 받았다면 입양을 선택했을지도 모른다.

공동체에서 요구되는 복종

마리아와 베네딕트회 수도사 같은 사람들은 내가 하나님의 음성을 듣고 순종하는 능력을 얼마나 더 키워야 하는지를 일깨운다. 나는 '코에노비움', 즉 공동체 생활에 적극적으로 참여할 때 나를 향한 하나님의 뜻을 더 깊이 깨닫는 수준으로 성장할 수 있다. 그러므로 우리가 자주 접한 개신교 신자들의 정서, 곧 기독교 신앙에서 가장 중요한 것이 단지 '예수님과 나'뿐이라는 생각은 위험하고 잘못 이해한 개념이다. 나는 홀로 남아 있을 때(심지어 예수님과 함께 남더라도) 속기 쉽고 매우 미덥지 못한 존재이기 때문이다.

물론 개신교 신자들은 자신들이 기독교 신앙에서 가장 중요한 것은 예수님과 자신뿐이라고 생각한다는 사실을 잘 알고 있으며 지금까지 그렇게 가르쳐왔다. 디트리히 본회퍼(Dietrich Bonhoeffer. 1906-1945. 독일의 루터교회 목회자와 신학자로, 나치 정권에 저항하다 순교함)는 개신교 신자들의 이러한 정서를 우려했다. 그는 개인적인 '소원과 꿈'을 공동체가 받아들이도록 강요하는 사람, 예를 들어 "공동체에 대한 자신의 꿈을 공동체 그 자체보다 더 사랑하고, 그래서 그리스도인들의 공동체를 파괴하는 사람"에 대해 경고했다. 왜냐하면 자신의 꿈을 공동체에 강요하는 태도가 자신을 합리화하려는 시도의 한 가지 특징이기 때문이다.[34]

베네딕트는 규칙서의 시작 부분(제1장)에서 네 부류의 수도사에 관해 설명한다. 그는 자신이 좋아하는 두 부류를 먼저 설명하고 경멸하는 두 부류를 나중에 설명하는데, 경멸하는 두 부류 가운데 한 부류를 "타락한 수도사들"이라고 부른다. 이들은 복종하지 않는 수도사로서 "자신의 삭발로 하나님께 거짓말하고", "주님의 양우리가 아니라 자신의 양우리에 틀어박히는" 자들이다. "자신이 하고 싶은 일과 마음에 드는 것은 무엇이든지" 계율로 삼고, "자신이 믿고 좋아하는 것은 무엇이든지 거룩하다고 부르는 반면에, 싫어하는 것은 무엇이든지 금지된 조항으로 여긴다"(베네딕트 규칙서 제1장 6-9절).

이어 베네딕트는 두 번째 부류의 수도사에 대해 말한 뒤, 선한 수도사들이 반드시 복종해야 하는 수도원장의 자질에 대해 한 장(章)을 할애하여 상대적으로 길게 말하기 시작한다. 베네딕트회 수도사들에게 수도원장(혹은 수녀원장) 없는 수도생활은 없다. 수도원장(abbot. 이 영어 단어는 '아버지'를 뜻하는 아람어 '아바'[abba]에서 나왔다)은 공동체에서 그리스도를 대표한다. 그렇지만 수도사가 그리스도를 대표하는 수도원장에게 복종을 약속한다고 할 때 그 말은 수도원장이 주님의 가르침에서 벗어나는 무언가를 명령하면 안 된다는 의미를 포함한다. 또한 수도사가 독재자의 종잡을 수 없는 변덕에 휘둘리는 것도 아니라는 점을 뜻한다(베네딕트 규칙서 제2장 2-4절).

해병대 생활을 하다가 수도사의 길로 들어선 진(Gene) 수사가 언젠가 나에게 말했다.

"수도원에 들어가는 것은 해병대에 들어가는 것과 아주 비슷해요. 단지 동기가 다를 뿐이에요."

그는 정말 분명하게 알고 있었다. 수도원에서 상급자에게 복종하는 행위는 군대에서 훈련 교관이나 장군에게 복종하는 행위와 매우 다르다. 무엇보다 요한일서가 반복해서 밝히듯이, 수도원에서의 복종은 "부모와 자녀의 관계로 들어가게 되었다는 사실을 구체적으로 표현하는 것"[35]이다. 바꿔 말해서, 베네딕트 규칙서는 맹목적인 복종을 요구하지 않는다.

"노동에 대한 복종을 요구하려면 노동해야 하는 이유를 당사자 모두에게 일깨워야 한다."

수도원장이나 수녀원장은 경찰관이 아니다. 수도원의 상급자는 자상하게 돌보는 아버지고 신뢰받는 어머니다.

"그러므로 복종은 본질적으로 대화다. 명령과 복종의 관계가 활기를 준다는 신뢰를 바탕으로 한 친밀한 의사 교환이다."[36]

따라서 수도사들이 상급자를 신뢰하지 않거나 상급자가 권위를 함부로 쓸 때, 경청하고자 하는 자발성과 복종이 손상된다.

맹종을 주의하라

언젠가 나는 한 여학생을 그녀의 목회자에게서 숨겨주어야 했다. 말 그대로다. 그때는 정말 그 여학생의 인생이 염려되었다. 그 여학생은 대학에 다니는 동안 일리노이주의 어떤 교회에 출석했는데, 메인주에 있는 그녀의 고향 교회 목회자가 그 교회를 인정하지 않았다. 그 목회자는 자기가 그 여학생의 목회자이기 때문에 그녀의 결정과 행동을 통제할 절대적인 권한을 갖고 있다고 주장했다. 그 여학생의 어머니는 그녀가 일리노이주의 그 교회에 계속 출석한다면 등록금을 대주지 않고 딸로 인정하지 않겠다고 위협할 만큼 그 목회자의 권위에 굴복했다.

그 목회자는 학교로 그녀를 찾아오겠다고 으르렁거렸다. 그녀를 자기의 명령에 복종시키거나 아니면 고향으로 데려갈 의도로 그랬을 것이다. 권한을 남용하는 목회자에게 시달린 그 여학생은 결국 '순종하지 않았다.' 그 이유는 정확히, 그런 관계가 신뢰를 바탕으로 하지도 않았고 활기를 주지도 않았기 때문이다. 이런 경우, 목회자의 명령에 순종하지 않은 그 여학생의 태도는 이제 그 목회자와의 관계를 끊겠다는(어감이 다소 부드럽지만 문자적 의미 그대로) 구체적인 의사 표현이었다.

　그 목회자는 내게 먼저 전화를 걸어 45분 동안 통화했다. 그와 통화하면서 나는 어떤 종류든지 사역자 연합회에 관여한 적이 있느냐고 물었다. 그가 대답했다.

　"아뇨, 그들은 전부 다 자유주의자들이에요."

　"그러면 서로 간에 책임을 지는 어떤 관계를 맺고 계십니까?"

　"나는 오직 하나님께만 책임을 집니다."

　그 목회자가 거만한 어조로 대답했다. 그는 교인에게 복종을 요구하고 있었다. 그러나 그가 무분별하다고 볼 수 있다는 점에서 이는 시키는 대로 덮어놓고 따르게 하는 '맹종'(blind obedience)을 요구하는 상황이 명백했다. 만약에 그 목회자가 베네딕트의 규칙을 읽었더라면, 베네딕트는 그에게 정말 바람직하게 소언했을 것이다. 물론 그는 로마 가톨릭 수도사가 자기에게 충고하는 것을 절대 너그러이 봐주지 않았겠지만 말이다.

　수도원장은 마지막 심판대에서 자기 영혼에 대해서뿐만 아니라 제자들의 영혼에 대해서도 해명해야 할 것이다. 그러므로 베네딕트는 자신의 약점과 한계를 언제나 주의해야 한다고 일깨운다(베네딕트 규칙서 제2장 37-40절). 그리고 이미 지적했듯이, 그런 약점과 한계는 공동체에서 드러난다.

수도원장의 자질

물론 베네딕트는 수도원장이 전체를 지휘해야 한다고 명백하게 밝힌다. 그러나 다시 말하지만, 수도원장의 권위는 사도 바울이 에베소서 6장 4절에서 분명하게 밝히는 부모의 권위와 비슷하다. 바울은 "너희 자녀를 노엽게 하지 말"라고 아버지들에게 경고한다. 마찬가지로 베네딕트는 수도사들을 꼭 징계해야 할 때 "잘못은 미워하되 형제들은 사랑하며", "신중하되 극단은 피하라"라고 수도원장에게 당부한다. 그리고 "그렇게 하지 않으면 얼룩을 없애려고 그릇을 너무 세게 문지르다가 깨뜨릴 수도 있다"라고 경계한다(베네딕트 규칙서 제64장 11,12절).

사실 베네딕트의 규칙이 밝히 정한 수도원장의 자질은 수도원장이 책임지고 키워야 할 수도사들을 가장 지혜롭고 관대하게 영적으로 지도할 수 있게 한다. 수도원장은 말과 행실로 가르쳐야 하며, 무엇보다 모범을 보여야 한다. 그는 강의실에서 강의를 통해 정보를 전달하는 학자나 교수 같은 의미의 교사가 아니다. 수도원에서 전통적으로 내려오는 지혜를 직접 체험한 사람이며, 관대함과 지혜의 자질을 갖추고(지적인 탁월함이나 학문적 업적을 꼭 갖출 필요는 없다) 그의 제자들이 인격적인 면에서 총체적으로 변화될 수 있게 보조한다. 수도원장은 단순하게 정보를 전달하는 사람이 아니라 수도사들을 키우는 책임자다.

나는 베네딕트의 규칙을 읽어보기 전, 베네딕트 수도원을 처음 방문했을 때 베네딕트가 규칙으로 정한 수도원장의 자질이 실제로 나타나는 것을 목격했다. 식사가 끝날 무렵, 데니스 수도원장은 공동체의 해산 기도를 인도한 후에 밥을 먹은 뒤치다꺼리를 하려고 곧장 부엌문 쪽으로 걸어갔다. 그 모습을 보고 나는 내가 다녔던 개신교 교회들 가운데 공동의 식사가 끝날 무렵 데니스 수도원장처럼 설거지하러 곧장 부엌으로 달려간 목회자가 한 사람이라도 있었는지 생각해내려고 애썼다. 그러나 슬프게도 한 명도 기억나지 않았다.

베네딕트는 모든 수도자를 평등하게 사랑하라고 수도원장에게 요구한다. 수도원장은 사랑에 집중하는 지혜를 지녀야 한다. 그러나 그 말이 수도사들을 언제나 평등하게 대해야 함을 뜻하는 것은 아니다. 이런 면에서도 베네딕트 규칙의 특징이 보인다. 베네딕트의 규칙은 수도원장에게 충분한 자유를 남겨놓는다. 따라서 지혜로운 수도원장은 공동체 안에 있는 수도사 각 개인의 영적 필요를 구별해내는 결정적인 역할을 해야 한다. 수도사들 개인이 하나님을 향한 여정에서 각기 다른 단계에 있기 때문이다. 따라서 수도원장은 자유재량으로 각각의 수도사에게 다양하게 조치한다(오늘의 수도사들은 공동체 구성원의 숫자가 점점 줄어드는 것을 염려하지만, 그렇다고 오늘날 몇몇 사람이 교회를 크게 키우려고 사용하는 두드러진 기법들을 채택하려는 유혹을 받으면 안 된다. 그럴 경우, 어떤 수도원장도 모든 교회의 목자들이 원칙적으로 반드시 하게 되어 있는 의무, 곧 각각의 양들에게 필요한 영적 발전을 보살피는 의무를 이행하지 못할 것이기 때문이다. 사실, 가톨릭교회의 주임사제를 뜻하는 단어 '딘'[dean]은 열 개의 공동체 구성원을 두루 살피도록 임명된 감독에게 붙인 호칭에서 유래했다).

공동체 구성원 각자의 영적 필요를 구별해내는 분별력, 그리고 자기가 옳다고 믿는 대로 결정하는 자유재량이 수도원장이 갖추어야 할 핵심적인 자질이다. 수도원장이 모든 것을 알아야 하거나 죄가 없어야 하는 것은 아니며, 그는 언제나 공동체의 조언을 구해야 한다. 그러나 인간의 무한한 다양성과 복잡성, 개성을 알아본 베네딕트가 모든 것을 미리 규칙으로 정해놓으려고 계획하지 않았기 때문에, 수도원장은 각각의 환경과 구성원 개인에 맞추어 자유재량을 발휘해야 하는 무거운 책임을 진다.

영혼은 대량 생산할 수 없다. 우리의 성화에 관한 한, 공장의 조립 라인은 없다. 그리스도의 제자들은 저마다 특수한 필요와 잠재력, 기질, 지적 능력, 은사를 지니고 있다. 그리고 영적 공동체를 이끄는 지도자는 자신이 책임진 사람들 한 명 한 명이 영적 성숙을 향해 나아가도록 보조하면서 지혜, 인내, 쾌활한 성격, 상상력, 그 밖의 무수히 많은 자질과 기술을 사용해야 한다.

존중 관계와 권위

바로 이런 이유로, 베네딕트회의 권위와 복종의 상호작용에서는 대화와 비슷한 의사 교환이 특색을 이룬다. 수도사들은 상급자에게 복종해야 하지만, 명령을 이행하기 어렵거나 불가능할 수도 있는 이유를 제시하면서 대응하는 자유를 허락받는다.

"수도사는 적절한 시점을 택해서 왜 지시받은 임무를 이행할 수 없는지 상급자에게 차분하게 설명해야 한다. 수도사는 교만하거나 완고하지 않게, 상급자의 지시를 거부하려는 의도를 갖지 않고 이유를 설명해야 한다"(베네딕트 규칙서 제68장 2,3절).

앞서 언급한 사례에서, 메인주에서 목회하는 그 목사가 나의 제자 여학생에게 이런 자유를 허락하면서 접근했다면 더 좋았을 것이다. 아랫사람에게 그런 자유를 허락하는 태도는 분명 '부모-자녀' 관계와 '고용주-고용인'의 관계를 위한 건강한 본보기다. 수도원장(혹은 부모나 고용주)은 이런 대화가 끝난 뒤에도 자신의 필요나 바람을 채울 목적이 아니라 공동체의 기능을 더 끌어올리고 복종하는 사람의 더 빠른 성장을 이끌 목적으로 수도사(자녀 혹은 근로자)에게 명령을 이행하라고 여전히 권할 수도 있다.

"수도사들은 하나님의 도움을 신뢰하고 사랑으로 복종해야 한다"(베네딕트 규칙서 제68장 5절).

내가 방문했던 베네딕트회 블루 클라우드 수도원에서도 정확히 그런 일이 일어났었다. 수도원장이 르네 수사에게, 성무일과 시간 동안 단조로운 목소리로 시편을 읊조리는 수도사들의 소리에 맞춰 오르간을 반주하면 좋겠다고 말했던 때였다. 그때 르네 수사는 수도원장에게 자기는 오르간을 연주할 줄 모른다고 말했다고 한다. 그러나 수도원장은 명령을 거두지 않고 보름 동안 오르간을 배우라고 지시했다.

르네 수사는 정말 보름 동안 오르간을 배웠다. 그가 오르간 반주를 하면서 성가대석에 앉은 우리를 이끌어준 덕분에 공동체가 큰 유익을 얻었다. 만약에 르네 수사에게 위와 같은 사연을 듣지 못했다면 학생들과 나는 그가 오르간 연주 초보자인 것을 짐작도 못 했을 것이다. 그리고 르네 수사 본인도 수도원장의 명령에 복종하지 않았다면, 그가 오르간 반주를 하도록 하나님께서 들어 쓰실 수 있다는 사실을 절대 깨닫지 못했을 것이다.

때로 우리는 순종하는 방법으로 성장하며 또한 하나님께서 우리의 순종을 통해 은혜롭게 일하시도록 따르는 방법으로 성장한다. 우리는 서로 신뢰하고 존중하는 관계 안에서 권위를 행사하고 복종을 실천할 때 하나님의 섭리를 체험할 수 있다. 이는 콜룸바 스튜어트가 논평한 대로다.

"사랑이 없으면 순종은 불가능하다. 그리스도는 학대당하면서 만족을 얻는 사람이 아니라 아버지에게 사랑받은 아들이었다."[37]

결국, 대중가수 밥 딜런(Bob Dylan)의 말이 옳았다. 그는 이렇게 노래했다.

"주님일지 마귀일지 모르지만 누군가를 섬겨야 할 거예요."

베네딕트가 그리스도를 대표하는 사람의 특질이라고 설명한 요소를 정확히 갖춘 인물에게 복종하면 악한 권세들을 물리칠 수 있다. 하나님의 자녀로서 자유로이 성장할 수 있다.

나는 어떤 개신교 교회가 목회자를 초빙하려고 여기저기 알아볼 때 수도원장이 갖추어야 할 특질을 기술한 베네딕트 규칙서 제2장을 지침서로 사용하면 좋겠다고 종종 생각했다. 마음을 사로잡을 설교자를 찾거나 성도의 수나 규모 면에서 성장을 도울 카리스마 있는 목회자를 물색하는 것보다 그편이 훨씬 더 나을 것이다.

삶의 한계들이 주는 유익

종의 자세로 섬기면서 이끄는 지도자, 그리고 지도자를 따르는 이들에게 요구되는 복종, 이 두 가지는 서로 밀접하게 관련되어 있다. 오늘날 복종이라는 단어가 얼룩진 상태로 계속 남아 있는 까닭은 베네딕트가 말하는 지도자와 같은 사람이 없기 때문일 것이다.

그런 훌륭한 지도자는 없지만 우리는 일상생활에서조차 '누군가를 섬겨야' 하며 어떤 제도와 전통과 규칙에 맞게 행동해야 한다. 우리는 자신을 독립된 씩씩한 개인, 즉 지켜야 할 규칙을 스스로 정하는 존재로 여기기를 좋아한다.

그러나 브라이언 테일러(Brian Taylor)가 일깨우듯이 만약에 우리가 일상에서 하나님의 뜻을 구하는 사람이라면, 우리의 모든 선택이 새로운 순종을 요구하기 마련이다. 독신으로 살겠다고 결심할 경우, 성적인 면에서 절제하라는 규칙을 따라야 한다. 결혼하기로 결심한다면, 배우자에게 신의를 지키라는 규칙을 따라야 한다. 그런 규칙들을 따르지 않으면 다른 사람이 괴로움을 당한다. 불순종은 단지 환상에 불과한 자유를 낳을 뿐이다.[38]

몇 해 전, 내 지인 한 명이 그런 사실을 깨달았다. 당시 나는 일리노이주 오크파크에 있는 한 교회에서 정기적으로 말씀을 전하고 있었는데 교인 중 한 여성이 자살을 시도했다. 그 시도는 실패로 돌아갔지만, 토요일 아침에 일어난 그 사건 때문에 주일에 교회가 크게 술렁거렸다. 그 여성의 남편 데이비드(가명)는 나에게 월요일에 좀 만나달라고 요청했다.

그와 점심을 먹으면서 이야기를 나누는데 그가 사연을 풀어내기 시작했다. 그의 아내가 전부터 불륜을 저질러왔는데 그 죄를 자백하고 수치를 느낀다는 사실을 드러내려고 자살이라는 이해하기 힘든 방식을 택했다는 내용이었다. 데이비드는 자신이 말한 대로 '깊은 진창에 빠져있었다'(그는 더 생생한 어휘들을 사용했다). 이후 그들의 결혼생활은 회복되지 않았고 데이비드는 여러 차례의 상담과 약물 처방을 받은 뒤에 재혼할 수 있었다. 그러나 나는 그 월요일 오후에 그를 만나고 사무실로 돌아오는 길에 이런 생각을 했던 것이 기억난다.

'오늘의 문화에서 일부일처제는 지겹게 느껴질지도 몰라. 하지만 일부일처제는 데이비드가 겪고 있는 고통을 분명히 몰아낼 수 있어.'

하나님은 해협에 설치된 부표들 같은 한계를 우리 삶에 정하신다. 그런 한계는 우리와 우리의 행동에 영향을 받는 사람들이 쓰레기 같은 하찮은 것에 발목을 잡히지 않게 막아주고, 그리스도께서 약속하신 만족스러운 삶으로 인도한다.

데이비드의 이야기를 고려해볼 때 브라이언 테일러는 요점을 명확히 짚어낸다.

복종을 통해 얻는 자유를 보여주는 좋은 예는 가정생활에서 찾을 수 있다. 나는 자녀들에게 관심을 가져야 하고, 돈을 벌어야 하며, 힘이 풀려 축 늘어졌을 때조차 아내의 말을 들어주어야 한다. 가정생활의 규율 속에서 이러한 한계에서도 복종하는 행위는 일정한 자유를 가져다준다. 그리고 그 자유는 사랑에서 발견할 수 있다. 한 사람의 아버지와 남편으로서 나의 사랑은 내가 지금까지 알고 있던 그 무엇보다 더 깊다.

그리고 내가 그렇게 깊이 자녀들과 아내를 사랑할 수 있는 까닭은 스스로 정한 가정생활의 한계들에 오랜 세월 동안 헤아릴 수 없이 많이 복종했기 때문이라는 점을 알고 있다. 내가 이런저런 한계에 복종하는 까닭은 그렇게 하는 것이 한 사람의 남편과 아버지로서 나의 의무라는 점을 알기 때문이다. 이런 한계와 규칙에 대한 복종이 없는 사랑은 얕은 사랑이다. 이러한 사랑은 사랑을 주고 싶은 마음이 드는 때를 제외하고는 사랑을 줄 수 없다. … 나는 더없이 기쁜 복종을 통해 나의 자아는 물론이고 자아의 욕망과 함정의 범위를 뛰어넘어 성장한다는 사실을 깨달았다.[39]

복종은 사랑의 표시다

베네딕트는 규칙서 서문 제49절에서 복종과 사랑에 대해 적절하게 말한다.

"그러나 우리가 이렇게 살면서 나아가고 또 믿음으로 나아갈 때 우리는 하나님의 계명의 길로 달릴 것이며 우리 마음은 말로 표현할 수 없는 사랑의 기쁨으로 넘쳐흐를 것이다."

예수님은 복종과 사랑에 대해 한층 더 훌륭하게 말씀하셨다.

나의 계명을 지키는 자라야 나를 사랑하는 자니 나를 사랑하는 자

는 내 아버지께 사랑을 받을 것이요 나도 그를 사랑하여 그에게 나를 나타내리라 요 14:21

내가 가정생활의 규칙을 지키든지, 하나님의 재산을 잘 관리하는 선한 청지기의 삶에 관한 규칙을 지키든지, 남에게 고용된 사람으로서 성실하게 일하는 태도에 관한 규칙을 지키든지 복종은 사랑의 표시다. 나는 사랑에서 우러난 복종을 통해, 내 인생에 다른 사람들의 개입으로 내가 개종당할 위험마저 기꺼이 무릅쓴다. 다른 방식으로 내가 도달할 수 있는 수준보다 더 성장하기 위해서다.

조앤 치티스터(Joan Chittister, 베네딕트회 수녀, 저자, 강사)는 하나님의 뜻에 순종하지 않는 태도에 대해 적절하게 설명한다.

"다른 말로 하면, 세상 전체는 각 부분이 서로 밀접하게 관계된 통일체다. 나를 지탱하는 동시에 때려눕힐 수밖에 없는 부품들이 서로 맞물려 돌아가는 장치다. 아무것도 꺼리지 않고 제멋대로 행동하는 방종은, 그 장치를 부수고 내가 나의 작은 세상이 되며 내 인생의 의미에 대한 척도가 되려는 하나의 시도다."[40]

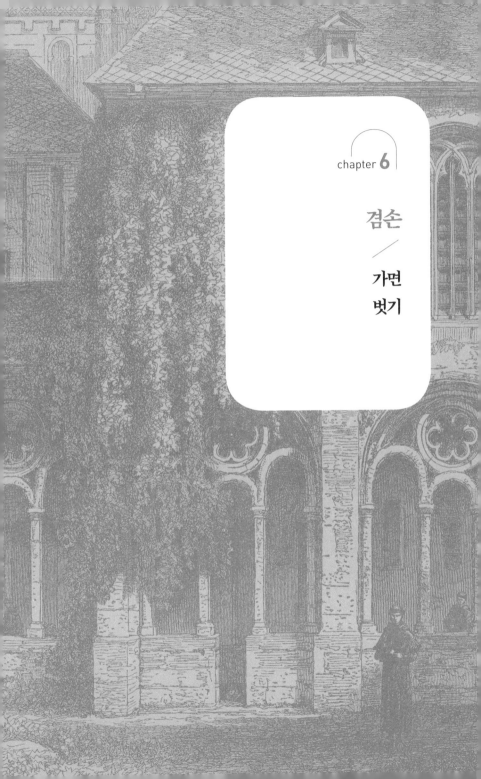

chapter **6**

겸손

/

가면
벗기

진 수사는 남을 꿰뚫어 보는 힘을 지닌 수도사였다. 어느 날 그와 함께 블루 클라우드 수도원 복도를 걷고 있을 때였다. 무슨 이유로 그랬는지는 잘 기억나지 않지만, 그가 나를 향해 손가락을 양옆으로 흔들면서 말했다.

"교수님은 통제하기를 좋아하시죠?"

그 말은 이런 뜻이다.

"당신은 겸손하지 않아요."

겸손은 우리의 이기적인 환상, 통제 욕구, 남들과 다른 예외적 인물이 되려는 욕구를 무너뜨린다. 우리는 겸손할 때 우리가 예외적인 인물이 아니라는 사실을 이해한다. 우리는 좋든 싫든 단지 인류의 구성원일 뿐이다.

바로 그 점이 시토 수도회의 수도사 마이클 케이시가 겸손을 주제로 쓴 책 제목을 《A Guide to Living in the Truth》(진리 안에서 살아가는 삶의 지침서)라고 정한 이유다.[41] 겸손하다는 말은 자신을 가볍게 여긴다는 뜻이 아니다. 또 자신을 크게 부풀린다는 뜻도 아니다. 자신을 크게 부풀리는 태도는 겸손의 정반대인 교만이다.

겸손은 콜룸바 스튜어트가 "철두철미한 자기 정직"이라고 부르는 태도를 요구한다. 때로 우리는 "우리의 생각을 알아차리도록"[42] 돕는 영적 지도자의 지원을 받아 거기에 이른다. 철두철미한 자기 정직은 베네딕트 규칙에 나오는 겸손의 다섯 번째 단계(베네딕트 규칙서 제7장 44절)와 다르지 않다. 곧 어떤 사람이 "자기 마음에 들어오는 죄악의 생각, 혹은 은밀하게 저지른 잘못을 무엇이든 수도원장에게 숨기지 않고 겸손하게 자백하는" 태도다.

철두철미한 자기 정직은 절대로 바꿀 수 없는 우리의 과거, 부모에게 물려받은 DNA, 타고난 재능과 적성, 성공과 실패, 약점과 장점, 하나님과의 관계와 다른 사람과의 관계 등 우리가 어떤 사람인지 드러내는 요인들을 실제로 인정하는 태도에 기초한다. 케이시가 말한 대로, 철두철미한 자기 정직을 버리고 취할 수 있는 유일한 선택은 "철두철미한 거짓 위에 건축한 삶"[43] 뿐이다.

공동체를 파괴하는 교만

겸손한 사람은 가면을 내팽개친 사람이다. 지나치지 않은 칭찬에 지나치게 '쩔쩔매면서' 남들을 기만하는 사람이 아니다. 사람들이 많은 광장에 서서 자기는 '저 죄인들'과 같지 않다고 자랑하는 바리새인 무리에 끼는 사람은 겸손한 사람이 아니다. 겸손한 사람은 자기가 인간의 처지에 관해 최소 네 가지 사실을 절대 바꿀 수 없다는 것을 아는 사람이다. 곧 인간은 신이 아니며, 피조물이며, 죄인이며, '막다른 궁지에 몰린 존재'(즉 개인사의 모든 '골칫거리들'을 지닌 사람)44라는 것을 말이다.

베네딕트가 겸손을 강조한 까닭은 공동체가 번성하려면 그것이 본질적으로 중요하다는 점을 이해했기 때문이다. 자기에게는 규칙이 적용되지 않는다고 믿는 사람은 규칙을 지키면서 힘들게 일해야 하는 나머지 사람들을 존중하지 못하거나 인정 넘치게 마음 쓰면서 대하지 못한다.

이런 이야기를 하다 보니, 일하지 않아도 평생 먹고살 만큼 부유한 부부 한 쌍을 공항까지 태워다준 일이 생각난다. 아내와 나는 그들이 하와이행 비행기를 제시간에 탈 수 있도록 필라델피아 공항에 데려다주었다. 출근 시간이라 자동차들이 엉금엉금 거북이걸음으로 움직이자 그 부부 중의 한 사람이 물었다.

"왜 이렇게 차가 밀려요?"

"일하러 가는 사람들이죠."

내가 대답했다. 그러자 다른 한 사람이 자기 내면에서 끌어올릴 수 있는 존중심을 죄다 긁어모아 한마디 했다.

"저들에게 하나님의 축복이 있기를!"

교만한 사람에게는 다가가기가 어렵다. 교만은 공동체를 파괴한다. 혹은, 공동체 구성원 중에서 자기중심적인 사람을 비난하고 헐뜯는 동맹 관계로 사람들을 끌어들인다. 그러나 만약에 어떤 사람이 자기가 누구고, 어디에서 왔으며, 어떤 역할을 하는지 현실적으로 평가한다면, 그는 다른 사람들이 누구고, 어디에서 왔으며, 어떤 역할을 하는지 있는 그대로 받아들일 좋은 기회를 얻을 것이다. 그 평가에 담긴 모든 것을 반드시 인정하지 않더라도 말이다.[45]

베네딕트는 겸손을 성품의 강점으로 여겼다. 그러나 요즘 사람들은 복종의 경우와 마찬가지로 겸손의 진정한 가치를 항상 높이 평가하는 것은 아니다. 물론 이러한 현상이 최근에 나타난 것은 아니다. 플라톤 같은 고대인들도 그들의 저작에서 겸손을 미덕으로 잘 다루지 않았기 때문이다. 〈로스앤젤레스 타임스〉가 언젠가 사실에서 경고한 것처럼, 고속도로에서 차선을 바꿀 때 뒤차가 속력을 높이지 못하도록 방향지시등을 켜는 행위를 어리석게 생각하는 문화에서는 겸손의 지위가 바닥으로 떨어진다.

베네딕트는 그런 문화에 사는 사람들과 다르게 생각했다. 베네딕트의 규칙은 겸손을 강력하게 주장한다. 사실 겸손은 그의 규칙에서 가장 분량이 많은 장(규칙서 전체의 8퍼센트를 차지하는 장)의 주제다.

겸손의 사다리

베네딕트 규칙서 제7장은 겸손의 사다리를 12단계로 나누어 요점을 설명한다. 사실 처음에는 그 내용이 겸손에 이르기 위한 '12단계 프로그램'처럼 보인다. 그러나 베네딕트 규칙서는 자기계발을 위한 뉴 에이지(New Age) 사상[17]이나 자기계발 서적과는 다르다. 오히려 자신의 결점을 인정하는 태도를 강조한다는 점에서 갱생 프로그램과 비슷하다.

또한 마이클 케이시와 콜룸바 스튜어트가 적절하게 지적한 대로, 베네딕트의 규칙에 나오는 겸손의 단계들은 규범으로 마땅히 지켜야 하거나 프로그램 방식처럼 순서대로 진행되는 것이 아니라 설명적인 성격을 띤다. 즉 4단계에 도달해야만 그다음 단계로 나아갈 수 있는 것이 아니다. 실제로 1단계와 마지막 단계를 제외한 나머지 단계들은 순서대로 발생하는 사건을 나타내지 않는다.

1단계는 수도사가 하나님을 경외하면서 시작해야 한다는 것이고, 마지막 단계는 생활의 모든 면에서 겸손을 나타내 보이면서 끝마쳐야 한다는 것이다. 수십 년간의 수도사 생활을 통해 그 첫 단계에서 마지막 단계에 이르는 것은 다른 열 단계의 설명

---

17) 기존의 서구 문화와 가치를 배척하는 신문화운동. 유일신 사상을 부정하는 반기독교적이고 범신론적인 경향으로서 개인의 영적 변화, 즉 인간의 내적 능력을 개발시켜 우주의 차원에 도달하는 것을 구원이라고 생각한다.

적 이정표를 통해 나아가는 여정이다. 그 열 개의 이정표는 겸손의 결과를 낳는다기보다는 겸손을 향한 길에서 얼마나 앞으로 나아갔는지를 나타낸다. 이는 케이시가 우리에게 일깨워주는 말과 같다.

"겸손은 만일 그것이 진정한 겸손이라면, 매우 더디게 이루어지는 과업이다."[46]

겸손은 쉽사리 도달할 수 없는 영성의 또 다른 예다.

베네딕트의 규칙에서 겸손에 관한 장이 '복종'과 '말을 자제하는 것'[47] 뒤에 나온다는 점은 흥미롭다. 겸손은 복종과 청빈과 마찬가지로 나의 의지를 꺾는 훈련이다. 겸손은 사도 바울이 빌립보서 2장에서 말하는 '자기를 비우는 태도'와 관련이 있다. 다르게 말해서 복종, 말을 자제하는 것, 청빈, 겸손 같은 덕목들은 자기의 뜻을 중심에 두는 마음 자세를 뿌리 뽑는 것을 포함한다.

사실 베네딕트는 그런 면에서 매우 엄격하다. 겸손의 7단계는 "자신이 모든 사람보다 열등하며 중요하지 않다는 점을 혀로 인정할 뿐 아니라 마음으로 확신하는 태도"(베네딕트 규칙서 제7장 51절)다. 당연하게도, 이것은 병적으로 자부심이 강한 사람들 때문에 고통당하는 오늘의 문화와는 잘 어울리지 않는 개념이다.

그러나 스튜어트는 베네딕트가 이 단계를 설명하면서 다음과 같이 주제를 옮기고 있다는 점을 일깨운다. 즉, 시편 22편 6절

("나는 벌레요 사람이 아니라")에서 시편 88편 15절을 의역한 내용
("나는 높이 올라갔지만 그때 겸손하게 낮아졌고 그것이 너무 혼란스러워
감당할 수 없었습니다")으로 주제를 옮기고, 또다시 시편 119편 71
절("겸손하게 낮아진 것이 내게 유익입니다. 덕분에 나는 주의 법을 배웠습
니다" NASB. 역자 사역)로 옮겨간다. 다르게 말하면, 우리는 겸손
의 길로 걸을 때 "자신에 대한 잘못된 인식에서 자신을 고통스럽
게 인식하는 상태로 나아간다. 그리고 자신을 고통스럽게 인식
하는 그 지점이야말로 하나님의 음성에 귀 기울일 수 있는 유일
한 곳"이다. [48]

의롭다 함을 받은 죄인

자기만 옳다고 생각하는 개신교 신자들은 베네딕트의 사상
을 심하게 비난하기 전에 스코틀랜드 신앙고백서[18] 15장을 다
시 살펴볼(혹은 대부분의 개신교 신자들로서는 생전 처음 살펴볼) 필요
가 있다.

"우리는 모든 일을 다 끝낸 뒤에 주님 앞에 엎드려 자신이 무
익한 종이라고(예수께서 누가복음 17장 10절에서 제자들을 평가하신
말씀처럼) 가식 없이 고백해야 한다. 그러므로 누구든지 자기 일

---

18) Scots Confession. 1560년에 종교개혁가 존 낙스[John Knox]를 위시한
스코틀랜드 개신교 개혁교회의 지도자 6명이 작성한 신앙고백서.

의 공적을 자랑하거나 공덕 쌓는 일을 신뢰하는 사람은, 존재하지 않는 것을 자랑하고 멸망할 우상숭배를 신뢰하는 것이다."

겸손과 관련된 장로교 종교개혁가 존 낙스(John Knox)의 주장은 베네딕트의 주장보다 훨씬 더 엄하다.

스코틀랜드 신앙고백서가 일깨우는 대로, 하나님께서 "우리의 완벽하지 못한 순종을 완벽한 순종인 듯이 받아주시고, 많은 얼룩 때문에 더러워진 우리의 일들을 하나님의 아들의 의(義)로 덮어주실지라도" 우리는 죄인이다. 이는 기독교적인 사실이며 우리의 처지를 현실적으로 평가해볼 때 드러나는 사실이다. 루터는 이를 가리켜 라틴어로 "시물 유스투스 에트 페카토르"(simul justus et peccator)라고 했다. 직역하면 "나는 의로운 동시에 죄인"이라는 뜻이다. 그러나 우리 현대인들은 의롭다는 평가에는 특별한 관심을 쏟지만, 죄인이라는 평가에는 별로 관심을 쏟지 않는 경향이 있다.

만일 우리가 예수님의 비유에 등장하는 인물 중에서 공감이 가는 인물들을 자세히 살펴본다면, 자기 자신을 바람직하게 평가해볼 수 있을 것이다. 한 가지 예로, 나는 포도원 일꾼들이 일한 시간과 관계없이 똑같은 품삯을 받았다는 예수님의 비유(마 20:1-16)를 도저히 이해할 수가 없었다. 나는 예수님이 가르치신 그 비유에서, 내가 새벽 6시에 포도원에 출근하는 지나치게 성실한 일꾼들과 같지 않다는 것을 인정할 만큼은 겸손했다. 그러나

아침 9시에 출근한 일꾼들과는 같을 거라고 늘 생각했다(물론 9
시에 출근해서 커피를 마시면서 신문 보기를 좋아하지만).

　그리고 아침 일찍 출근한 우리 같은 사람들이 만약 빈둥거리
다가 늦게 출근하는 사람들과 똑같은 월급을 받는다면, 그건
인간적인 관점으로 볼 때 부당한 처사라고 여겼다. 따라서 나
는 예수님의 그 비유가 정의와 불의에 관한 내용이라고 생각했
다. 하지만 아무리 그렇게 생각해도 여전히 이해할 수 없었다.
그런데 어느 날 문득 깨달았다.

　예수님의 요점은 '나는 일찍 출근했는데, 책임감 없는 사람들
과 복지 혜택만 챙기는 게으른 사기꾼들이 포도원 일이 다 끝나
기 직전에 나타났다'가 아니었다. 예수님의 요점은 내가 오후 5
시에 포도원에 모습을 드러냈고, 따라서 나보다 훨씬 더 오랜
시간 열심히 일한 일꾼들과 똑같은 은혜의 품삯을 받을 자격이
없다는 것이다. 그런데도 내가 얼마나 오래, 얼마나 열심히 일
했는지와 상관없이 분에 넘치는 하나님의 은혜를 받는다는 것
이다. 그 비유는 정의에 관한 내용이 아니라 은혜에 관한 내용
이었다.

　이런 깨달음은 도널드 밀러(Donald Miller, 저자, 사회운동가)가
조지 부시 대통령에게 하루 동안 항의한 뒤에 깨달은 내용과 매
우 비슷하다.

사회활동의 효율성에 관한 질문들보다 나의 동기에 관한 질문들이 더 많았다. 나는 억눌린 사람들을 위해 사회정의를 원할까, 아니면 단지 사회적으로 활동하는 인물로 알려지기를 원할까? 어쨌거나 나는 나에 대해 생각하면서 시간의 95퍼센트를 쓴다. 굳이 저녁 뉴스를 보지 않아도 세상이 나쁘다는 사실을 알 수 있다. 나 자신을 보기만 하면 알 수 있기 때문이다. … 그때까지 내가 항의해온 바로 그 문제였다. "내가 문제입니다!"라는 내용의 표지판을 만들고 싶은 심정이었다. … 나는 사랑, 용서, 사회정의에 대해 말한다. 이타주의의 이름으로 미국의 황금만능주의에 분노한다. 그러나 내가 심지어 내 마음에 지배당했던 것일까? 나는 나에 대해 생각하거나 나 자신을 즐겁게 만족시키는 일, 나 자신을 안심시키는 일에 대해 생각하면서 압도적으로 많은 시간을 보낸다. 그리고 나면 어려운 사람들에게 선뜻 내어줄 시간이 하나도 남지 않는다. 이 세상에는 60억 명이 산다. 그런데 나는 오직 한 사람을 위한 생각만 긁어모을 수 있을 뿐이다. 그 한 사람은 바로 나다.[49]

나도 이런 면에서 결백을 주장하지 못한다. 나는 세상의 불행 총량에 한몫을 해왔다. 스튜어트가 다음과 같이 적절하게 진술한 것과 같다.

"우리의 약점에 대한 인식은 다른 사람의 약점에 대해 알 수 있는 지식을 언제나 넘어선다. 그러므로 우리의 배경, 실력, 교육 수준에도 불구하고 우리는 자신이 모든 사람보다 못하다고 '마음 깊이 느끼면서 믿지' 않을 수 없다."[50]

혹은 케이시가 예리하게 평한 대로다.

"나는 다른 어떤 인간이 저지른 범죄의 증거보다 나 자신이 저지른 범죄의 증거를 더 많이 갖고 있다. 나는 다른 사람들이 저지른 악행에 대해 풍문으로만 아는 반면, 나의 양심은 내가 악의를 너무 많이 품고 있다는 것을 직접 비난한다. 하나님 앞에서 겸손하다는 것은 내가 비난받아 마땅한 인간이라는 사실을 아는 것이다."[51]

겸손, 은혜의 자리

물론 겸손의 또 다른 면도 있다. 자기를 비우는 겸손의 길로 걸으면 은혜를 받을 수 있는 올바른 자리에 이른다는 점이다. 겸손은 우리 마음의 문을 연다. 케이시가 정의하듯이 겸손은 "은혜를 받을 수 있는 능력이고 구원이라는 최종적인 선물을 받을 수 있는 능력"이다. 겸손은 "구원받고자 하는 자발성이며, 하나님의 활동에 마음을 열어놓은 상태이며, 하나님께서 인간의 마음속에서 계획을 이루시는 오묘한 과정에 굴복하는 것"이다. 다른 말로, 겸손은 하나님에 대한 신뢰에 뿌리내린다.

나는 캘리포니아 남부의 해변 지대 근처에 산다. 따라서 이안 류(해안에서 바다 쪽으로 빠르게 흐르는 물살)에 휩쓸린 사람들을 구조하는 모습을 가끔 보기도 하고 그런 소식을 듣기도 한다. 인 명구조요원들은 상황을 즉시 판단하고, 호락호락하지 않은 해류에 맞서보려고 헛되이 허우적거리는 사람을 구하기 위해 거침 없이 곧장 헤엄쳐간다. 사고자가 구조를 받으려면 해류 및 구조 요원과 싸우기를 멈추고 굴복해야 한다.

그런데 문제는 구조요원이 사고자를 데리고 호기심 많은 사 람들이 모여 있는 해변으로 나올 때다. 사람들은 자신과 사고 자의 생명을 구할 수 있는 구조요원을 칭찬하는 반면, 사고자 를 멍텅구리 취급한다. 그가 이안류를 경고하는 표지판을 무시 했거나 허약한 약골이라는 이유로 말이다.

해수욕장에서 구조를 받는 것은 굴욕적이다. 내가 자아도취 의 노예가 되었다는 점, 그리고 나 스스로도 인정하고 싶지 않 은 나의 성향이 이안류처럼 나를 끌어당겼다는 점을 사람들 앞 에서 인정해야 하기 때문이다. 그러나 만일 내가 그런 점들을 인 정하지 않고 스스로 크게 부풀린 자아를 믿겠다고 고집부린다 면, 나에게 하나님이 필요하다는 사실을 절대 인정하지 않을 것 이다.

이처럼 그리스도인의 겸손은 낮은 자긍심이나 형편없는 자아 상과는 다르다. 그리스도인의 겸손은 나는 죄가 없다는 거짓말에 현혹당하기를 거부하겠다는 단순한 태도다.

"나를 향한 하나님의 무조건적인 사랑의 강렬함에 힘을 얻을 때, 나를 변명하는 수단들을 부수고 나의 처지에 관한 진실을 인정하는 것이 가능하다는 사실을 깨닫는다. 나의 성향이나 개인사에는 내 인생을 행복하게 결말지을 수 있는, 내 능력을 확신할 만한 근거가 아무것도 없다."[52]

이것이 베네딕트가 하나님을 경외하는 마음 자세에서부터 시작해서 겸손의 단계를 설명하는 이유다. 겸손은 복종과 마찬가지로 하나님에 대한 확신이나 신뢰 혹은 하나님께서 우리 삶에 데려오기로 선택하신 사람들에 대한 확신이나 신뢰를 포함한다.

자신의 가치를 현실적으로 평가하는 사람들만 진정으로 하나님을 신뢰할 수 있다. 만일 자기 존재에 대해 우쭐한 마음을 키운다면, 하나님께서 스스로 택하시고 부르신 사람들의 유익을 위해 일하고 계신다는 바울의 주장(이는 칼빈주의 성향을 지닌 개신교 신자들이 밀어붙인 요점이다. 그러나 그들은 때로 이 개념을 지나치게 크게 확장해서 칼빈의 사상을 벗어나곤 한다)을 믿기 어려울 것이다.

일례로, 어쩌면 우리는 우리의 현재 상황이 하나님께서 하나님나라의 일을 행하시는 데 필수적이라고 잘못 믿고 있는지도 모른다. 그러나 지금보다 덜 중요한 자리로 가거나 덜 매력적인 임무를 감당하라고 하나님께서 부르실 때, 그것이 오직 하나님만이 제대로 알아보시는 더 큰 그림의 일부일 수 있다.

인간적인 관점으로 덜 중요하게 보이는 일이 궁극적으로 정확하게 중요한 일이며, 넓은 관점에서 나에게 가치 있는 유일한 일이라는 사실을 받아들이는 데는 하나님의 섭리에 대한 신뢰가 필요하다. 우리는 자신이 겉으로 보이는 것에 종종 속는다는 사실을 인정할 만큼 겸손해야 한다. 겉으로 보이는 현상에도 불구하고, 하나님의 뜻은 언제나 우리에게 유익을 준다는 강인한 믿음을 가져야 한다.[53]

하나님과 닮아감을 볼 때

하나님께서 행하고 계신 일들을 신뢰하는 이러한 태도는 세상의 종말에 관한 사도 요한의 주장에도 표현되어 있다.

"우리가 그와 같을 줄을 아는 것은 그의 참모습 그대로 볼 것이기 때문이니"("we shall be like him[Christ], for we shall see him as he is." NIV. 요일 3:2).

나는 이 말씀의 의미를 도무지 이해할 수가 없었다. 대체 어떻게 예수님을 보는 행위가 예수님처럼 되는 결과를 낳을까? 나는 이 문장의 "for" 이하가 원인이라고 생각했다. 즉, 예수님의 참모습을 보는 행동이 예수님처럼 되는 결과를 낳을 것이라는 뜻으로 이해했다. 그러나 그 단어는 원인을 나타내지 않는다. 어떤 상황을 나타낸다.

이는 마치 스페인의 유명한 기타 연주자 안드레스 세고비아가 어떤 방법으로 기타를 잘 치는지 누군가가 나에게 자세히 묘사해준 경우와 같다. 나는 그 정보를 전해준 사람을 믿고, 세고비아처럼 기타를 연주하려고 연습하면서 오랜 세월을 보낸다. 드디어 어느 날, 세고비아가 우리 마을에 오고, 나는 그가 기타를 연주하는 것을 생전 처음 보고 듣는다. 그러고는 이제 내가 세고비아처럼 기타를 연주하게 되리라는 사실을 깨닫는다. 그가 연주하는 모습을 직접 보고, 그의 기타 소리를 직접 들을 수 있기 때문이다.

나는 세고비아처럼 연주하려고 연습한 그 오랜 시간 동안, 내가 정말로 그와 같은 연주기법과 능력을 발전시켜나가고 있다는 정보제공자를 신뢰해야 했다. 그러나 마침내 더는 그러지 않아도 된다. 내가 그런 연주자가 되었을 때 그것은 나 스스로 알 수 있기 때문이다.

요한일서 3장 2절에 담긴 진리와 내가 예로 든 비유에는 결정적으로 중요한 차이가 있다. 나는 그리스도가 누구인지에 관하여 알려준 정보제공자(이를테면 교회가 신실하게 전달하고 전파한 성경의 복음서들)를 신뢰할 뿐 아니라, 그리스도의 영이 내 속에서 나를 거룩하게 성장시키는 일을 하고 계심을 믿는다. 즉 그 영이 나를 영광에서 영광으로 변화시키고 계시며, 나의 일상의 저변에서 어떤 일을 행하고 계심을 믿는다는 것이 차이점이다.

또한 나는 나의 일상을 주님께 맡기고 순종하면서 살면, 종말의 날에 내가 예수님을 닮았다는 깜짝 놀랄 사실을 유쾌하게 깨달으리라고 믿는다. 종종 나는 내가 하나님의 형상대로 재창조되고 있다는 사실을 의식하지도 못하지만, 성화의 과정을 통해 언젠가는 하나님의 형상, 곧 그리스도의 모습(골 1:15)으로 다시 만들어질 것이다. 칼빈은 성화를 다시 인간이 되는 과정, 곧 맨 처음에 우리를 만드신 분의 형상대로 새로워지는 과정으로 정의했다. [54]

이는 자신의 가치를 과대평가하려는 유혹을 받는 이들과 체념에 빠져 과소평가하는 이들에게 좋은 소식이다. 두 경우 모두 우리가 유일하게 가질 수 있는 종류의 사랑, 곧 하나님의 무조건적인 사랑을 신뢰하기가 어렵다. 하나님의 사랑을 발견하고 그 사랑을 기준으로 자신의 가치를 판단하는 사람은, 자신이 가꾸고 키운 무언가가 사랑받을 만해서 하나님께서 사랑하시는 것이 아니라는 점을 깨달을 만큼 겸손한 사람이다. 그리고 자신이 하나님의 사랑을 받기에 얼마나 합당하지 않은지 알지만, 그럼에도 하나님께서 사랑해주신다고 신뢰할 만큼 겸손한 사람이다. 오직 그런 사람만이 하나님의 사랑을 발견할 수 있다. 하나님의 사랑은 구매하거나 교환할 수 있는 상품이 아니기 때문이다.

성화가 이루어지는 공동체

겸손을 동반하는 이런 신뢰는 하나님과의 관계뿐만 아니라 함께 어울려 성화되는 주변 사람과의 관계에서도 특징으로 나타나야 한다. 다음 장에서 이 주제에 관하여 더 논하겠지만, 지금으로서는 바로 이런 면에서 착실함(하나님께서 들어가라고 명하신 공동체에 머무는 태도)과 콘베르사티오 모랄리스(생활의 변화 혹은 날마다 하나님을 향하는 행위)에 대한 베네딕트의 서약이 중요한 역할을 한다고 말해두겠다.

그 공동체가 수도원이든 가정이든 교회든, 우리는 똑같은 공동체에 변함없이 남아 있을 때 대부분 어쩔 수 없이 겸손해진다. 나는 똑같은 사람들과 정기적으로 함께 지낼 때 나의 진짜 자아를 감추는 가면을 계속 쓰고 있을 수가 없다(반대로 교만을 키우고 싶다면 이 교회 저 교회 옮겨 다니는 습관이 유익하다). 우리는 한 무리의 사람들과 함께 서로의 영적 발전에 전념할 때 솔직해지고 약점을 드러낼 수 있다. 그들이 사랑하는 마음으로 우리에게 진실을 말할 때 진심으로 우리에게 최선의 이익을 주려고 한다는 점을 믿을 수 있기 때문이다. 그들은 우리를 있는 그대로 알 것이며, 우리가 그들을 있는 그대로 알게끔 우리를 사랑으로 이끌어 갈 것이다.

공동체는 때로 어떤 이들의 무능함을 덮어 가리려고 참을성과 이해를 요구하면서 잘못된 종류의 겸손을 권하곤 한다.[55] 베네딕트의 규칙을 지지하는 사람이라면 그런 태도에 만족하지 않을 것이다. 우선 베네딕트 수도원에서는 모든 사람이 규칙을 따라 공동체 내에서 나름의 역할을 한다. 상급자들은 그들 아래 있는 사람들과 마찬가지로 진실하게 책임을 다해야 한다. 또한 어떤 공동체의 구성원이 겸손하다면, 그 사람은 자신의 재능과 능력에 대해 거짓말하지 않을 것이고, 자신의 재능과 능력을 요구하는 일이 일어날 때 책임감 있게 행동할 것이다.

만약에 '책임감 있게 행동한다'라는 말이 어떤 무능함에 대해 대담하게 반대 발언을 하는 것을 뜻한다면, 공동체는 그의 발언 덕택에 장기적 관점에서 더 좋아질 것이다. 또 이 말이 어떤 일을 해야 하거나 잘해야 할 필요가 있을 때 앞장서서 먼저 하는 것을 뜻한다면, 그 일과 관련해서 남들을 지도하거나 보조하는 재능이 있는 사람은 반드시 앞장서야 한다. 진정한 겸손은 줏대 없이 무턱대고 따르는 묵인도 아니고 두려워하는 소심함도 아니다.

우리는 다른 이의 능력을 인정할 만큼, 혹은 재능 있는 사람이 응당 해야 하는 역할을 하도록 허락할 만큼 겸손해야 한다. 그러나 때로 사람들은 자신의 직위나 특권에 위협을 느끼거나 그것을 잃을지도 모른다는 불안함 때문에 그런 겸손한 태도를 보이지 않기도 한다. 그 결과 공동체는 유익을 얻지 못하며, 교만하고 불안정한 사람도 더 유능한 이에게 배우지 못할 것이다.

베네딕트의 규칙은 그런 태도를 절대 받아들이지 않는다. 이는 수도사들의 지위에 관한 베네딕트의 가르침에서 가장 분명하게 드러난다. 수도원에서의 지위는 나이, 학위, 직함, 가계와 무관하며, 대신 수도원에 들어온 순서에 기초한다(베네딕트 규칙서 제63장 5-8절).

한 예로, 내 이웃들은 내가 그들이 동네 공동주차장에 영구적으로 자동차를 주차해놓았기 때문에 다른 누구도 주차장을 사용하지 못한다고 충고했을 때, 떨떠름하게 여기며 즉각 수도원의 원칙에 따라 나를 대우했다. 그들은 제조업체와 대부업체를 소유하고 있었을 뿐 아니라(생각해보면 적지 않은 나의 나이, 네 장의 대학원 학위, 출판 경력보다 훨씬 뛰어난 조건들이었다) 아내와 내가 네 가구로 구성된 주민자치회에 가장 늦게 들어온 거주자라는 사실을 짚어주었다. 그들은(깨닫지는 못했을 테지만) 베네딕트의 규칙에 따라 계급으로 나를 찍어 눌렀다. 그러나 다음과 같은 내용이야말로 베네딕트 규칙의 더욱 흥미로운 부분이다(그리고 공동주차장을 나눠 쓰는 것에 관한 나의 유익한 제안을 뒷받침할 것이다).

서열이 아닌 존엄성으로

베네딕트는 수도원에 들어온 순서에 따라 수도사들의 지위를 정하지만, 수도원에 들어온 순서는 사회적 관습에 기초한 특권들을 다 없앤다. 그뿐 아니라 베네딕트는 나이 많은 수도사가 때로는 젊은 수도사의 충고를 받아들여야 한다고 주장한다.

"모두가 (수도원의 중요한 일에 관하여) 조언을 구해야 한다고 우리가 말한 까닭은 주님께서 더 나은 지혜를 더 젊은 사람에게 종종 계시하시기 때문이다"(베네딕트 규칙서 제3장 3절).

누가 상급자인지에 관한 베네딕트의 정의도 나이순으로 결정되지 않으며, 수도원장의 선출조차도 누가 상급자인가를 기준으로 결정되지 않는다. 대신 베네딕트는 수도원장 선출에 관해 조언하는 장에서 "선한 삶과 가르치는 지혜"를 기준으로 삼아야 하며, 그 기준에 합당한 사람이 "공동체 서열에서 맨 마지막이라고 해도" 그 점을 자격 기준으로 선출해야 한다고 강조한다(베네딕트 규칙서 제64장 2절). 콜룸바 스튜어트는 수도원제도의 이런 면이 혁명적이라는 점을 알아차린다.

"수도원세도가 세상의 문화에 반하여 모든 사람의 본질적 존엄성을 존중한다는 증거가 인습적 형태의 사회적 서열 매기기를 신중하게 거부하는 베네딕트의 사상에 나타나 있다. 이것은 수도원제도가 오늘의 교회와 사회에 주는 매우 중요한 하나의 선물로 남아 있다."[56]

그런데 핵심은 오직 겸손한 사람만이 함께 살아가는 이들의 도움을 받아 성장하겠다는 마음 자세를 갖는다는 점이다. 그래서 베네딕트의 규칙은 말을 자제하는 태도, 복종, 착실함을 겸손과 연결한다.

그러면 겸손한 사람은 어떤 사람으로 성장할까? 자신에 대해 정확히 아는 사람, 진리 안에서 살아가는 사람으로 성장한다. 자신의 가치가 공동주차장 주차 공간에 페인트로 자기 이름을 써놓는 행위에서 나오는 게 아니라, 자기가 하나님의 피조물이며 그리스도께서 자기를 위해 죽으셨다는 사실에서 비롯된다는 진리를 안다. 그리고 그 진리 안에서 살아가는 사람으로 성장한다.

역설적으로, 교만은 자기 존엄성의 참된 원천을 알아보지 못하게 막는다. 그뿐 아니라 하나님의 은혜로 변화되기 원한다면 반드시 먼저 인정해야 하는 부분들, 곧 육체적 연약함, 죄의 성향, 적나라한 평소의 모습을 인정하지 못하게 막을 것이다.

어느 날, 아내와 산책하고 있는데 어떤 여성이 다른 여성에게 다가가 소리쳤다.

"당신이 그 사람이죠?"

나는 그 말을 듣자마자 아내에게 말했다.

"참 특이한 질문이야. 그 질문을 들은 여자가 '아뇨, 당신이 나를 그 사람으로 생각했다는 것을 알지만 나는 그 사람이 아니에요'라고 대답하면 어쩌려고 저러지?"

당신이 거리에서 누군가에게 다가가 그렇게 묻는다면 그건 이상한 질문이다. 그러나 그 질문에 대해 생각할수록, 만약에 당신이 겸손을 가꾸고 키우는 중이라면 그게 이상한 질문이 아닐 수도 있다는 생각이 들었다. 베네딕트회 수도사 한 사람이 또 다른 수도사에게 다가가 "당신이 그 사람이죠?"라고 질문할지도 모른다. 그러면 겸손의 사다리를 올라가고 있는 사람은 이렇게 대답할 것이다.

"아직은 아니지만 언젠가는 그렇게 될 것입니다."

chapter **7**

환대
—
손님으로서의
그리스도

베네딕트가 수도원과 세상이 만나는 다양한 방법들을 논할 때 관심을 갖고 중요하게 다루는 주제 중 한 가지는 외부 손님을 맞이하는 태도다(베네딕트 규칙서 제53장). 베네딕트는 가장 중요한 원칙을 직접적으로 분명하게 말한다.

　"수도사들은 수도원을 찾아오는 모든 손님을 그리스도로 환영해야 한다. 그래야 그리스도께서 내가 나그네 되었을 때 너희가 영접하였다고 말씀하실 것이기 때문이다"(베네딕트 규칙서 제53장 1절. 마 25:35 인용).

　여기서 말하는 환영은 단순한 악수를 뛰어넘는다. 수도사들은 기도, 평화의 입맞춤, 겸손히 허리 굽혀 절하는 것이 특징인 "사랑의 정중함을 다해" 손님들을 만나야 한다. "그리스도께서 수도사들에게 정말로 환영받아 높아지시도록"(베네딕트 규칙서 제53장 7절) 말이다. 지금까지 수도사들이 나를 엄청나게 정성스레 맞아준 적은 없었지만, 그들은 나의 방문 사실을 알자마자 집에 있는 듯한 편안한 느낌이 들게 해주었다.

수도사들은 손님을 기쁘게 맞이해야 할 뿐 아니라 손님의 '지위'를 알고 난 뒤에도 그가 부자든 가난하든 '있는 그대로' 맞이해야 한다. 베네딕트는 규칙서 어디에서도 손님의 직함을 따라 인사를 나누라고 지시하지 않는다(수도원장에게 말을 거는 수도사는 예외다). 수도원에서 손님의 직함은 중요하지 않다. 사실, 내가 알기로 수도사는 손님의 직함을 언급하면 안 된다. 이는 교회에서 사람을 차별하는 태도에 대한 야고보서의 경고(약 2:1-13)와 매우 비슷하다.

반면 예배당에 얼굴을 내미는 성공한 인물이나 유명 인사에게 대하는 태도는 우리가 종종 보이는 세속적인 열광과는 부끄러울 만큼 다르다. 다시 말하지만, 베네딕트는 마태복음 25장에 기록된 예수님의 경고를 바탕으로 충고하면서, 가난한 사람과 나그네가 부유하고 유명한 사람보다 그리스도를 '더 특별하게' 맞이한다는 점을 일깨운다(베네딕트 규칙서 제53장 15절).

만약에 성육신 사건이 1세기의 팔레스타인에서 일어나지 않고 21세기 북아메리카에서 일어났다면 흥미로웠을 것이다. 당시 예수님은 '초대형 회당들'과 그분의 백성들이 모인 성전에서 형편없는 대우를 받으시고 충분한 관심을 받지 못하셨다. 아마 오늘의 대형교회에서도 형편없는 대우를 받으시고 충분히 주목받지 못하실 것이다. 아무튼 우리는 세리나 술주정뱅이와 많이 어울린다고 소문이 자자한 어떤 노숙자에게 우애의 오른손을 내밀기는 해야 할 것이다. 그러나 기껏해야 "우리가 가난한 사람을 어떻게 보살피는지 보라"라고 사람들에게 내놓을 증거품 정도로만 예수님을 대할 것이다.

만약에 우리가 교회에 찾아오는 손님들 한 명 한 명을 우리를 방문하시는 그리스도로 환영하면서 베네딕트가 충고하는 환대를 진심으로 실천할 수 있다면, 그런 태도가 손님들은 물론이고 우리 자신도 바꿔놓을 것이다. 내가 수도원에 갈 때마다 수도사들은 "다른 사람을 나의 형상대로 만드는 대신에 하나님의 형상대로 창조된 사람으로 여기고, 예수 그리스도께서 살리려고 죽으신 사람으로 여기라"라고 권한다.

방문객을 어떻게 환대하는가?

나는 베네딕트회 블루 클라우드 수도원에서 보낸 열흘의 '견학' 기간 중 일주일이 지났을 때 수도원장이 여섯 학생과 나에게 베푼 가장 겸손하고 용기 있는 환대를 결코 잊을 수 없다. 그곳의 수도사들은 매주 목요일마다 저녁기도와 미사를 행하기 전에 공동체 생활에 부정적 영향을 미친 태도와 행동을 고백하고 용서하는 공동의 화해 의식에 참여하기 위해 공동체 전체가 사적으로 모이곤 한다. 그리고 미사를 마친 뒤에는 전채 요리와 뷔

폐식 저녁을 먹으려고 지하 식당으로 줄지어 내려가면서 그 공동의 의식을 마무리한다. 이는 손님인 우리에게도 한 주 동안의 일과 중 가장 흥미로운 시간이었다.

그런 특별한 목요일, 아침을 먹은 뒤에 수도원장이 우리를 원장실로 불렀다. 그는 우리에게 수도원을 찾아와 수도사들의 일상에 참여해주어 얼마나 고마운지 모르겠다고 말했다. 그런 다음 우리 일행 중에서 저녁 미사 시간에 읽을 성경 말씀에 대해 의견을 발표하고 싶은 사람이 있냐고 물었다. 여섯 명의 학생 중 두 명(한 명은 남학생, 한 명은 여학생)이 수도원장의 제안을 받아들였다. 나는 그것이 얼마나 귀한 환대의 행위였는지 나중에야 비로소 학생들에게 설명했다. 로마 가톨릭의 수도원을 통솔하는 수도원장이 두 명의 개신교 신자 대학생에게 성경 말씀에 대한 의견을 미사 시간에 발표해달라고 요청한 것이다. 이는 많은 개신교 사역자들이 똑같은 방식으로 답례하지 않을 하나의 모험이었다.

그러나 베네딕트 수도회의 환대는 거기서 끝나지 않았다. 그두 학생이 미사 시간에 읽은 본문 말씀에 대해 간략하지만 예리하게 의견을 전한 뒤, 우리는 수도원장의 말에 정말 깜짝 놀랐다. 수도원장은, 일주일 동안 그들의 집을 침범해서 폐를 끼치고, 고급 호텔에 맞먹는 손님 숙소에서 생활하고, 매일 세 끼 정성이 담긴 밥을 축내고, 수도사들이 손님 주방에 특별히 챙겨준 모든 간식을 우걱우걱 씹어 먹은 우리에 대해 이렇게 말했다.

"우리는 우리를 찾아준 이 학생들에게 감사해야 합니다. 이들은 우리가 입으로 고백하는 삶을 정말로 사는지 그렇지 않은지 스스로 점검하도록 그들의 존재로 도전했습니다."

그런 다음에 수도원장은 학생들의 방문에 관한 생각을 나눌 사람은 말하라고 공동체 구성원들에게 권했고 이에 수도사 몇 명이 수도원장의 감상과 비슷한 소감을 냈다. 그날 저녁 미사를 드린 뒤에 가진 저녁 만찬은 진정한 아가페 식사(agape meal)[57]의 정점이었다.

나는 종종 궁금하게 여기곤 했다. 만약에 우리가 매주 예배당을 찾아오는 방문객들을 이와 같이 겸손하게 환대한다면 교회들은 어떤 모습을 띠게 될까?

내 딸이 대학에 다니는 동안 종종 출석했던 복음주의 교회를 내가 방문했던 때를 생각해보면 정말 대조적이다. 나는 예배를 드린 뒤에 곧바로 공항으로 향해 집으로 돌아와야 했기에 여행 가방과 서류 가방을 교회까지 그냥 가져갔었다. 그 짐들을 대학생들이 모이는 방에 두고 1부 예배를 드린 뒤에 다시 와서 가져갈 예정이었다. 그런데 1부 예배를 드리는 동안에 고등학생들이 그 교실을 썼다. 나는 딸에게 말해서, 옷걸이에 걸어놓은 가방 두 개가 내 물건이라는 것을 고등부 지도자 중 한 사람에게 알리고 잘 지켜봐 달라고 부탁하게 했다. 마침내 한 고등부 지도자가 내 쪽으로 다가왔다(물론 만면에 미소를 머금고. 우리 복음주의 신자들은 적어도 언제나 친절하다). 그러나 그의 입에서 나온 첫마디는 "안에 뭐가 들었는지 확인하게 가방 좀 열어주시겠어요?"였다.

주일에 교회 갈 때 입는 정장을 말끔히 차려입은 나는 상황을 설명했다. 내가 15년 동안 지역 대학에서 신학 교수로 학생들을 가르쳤고, 또 내 딸이 그 교회에 출석하는 교인이라고 말이다.

"그러시다니…."

그 사람이 (미소를 지으면서) 말했다.

"우리가 아무리 조심해도 지나치지 않다는 점을 이해해주실 수 있겠네요."

나는 그 사람이 혹시라도 폭탄이 숨겨져 있을까 봐 두려워한다는 점을 고려해서 가방의 지퍼를 열어 더러운 빨랫감, 책들, 신문들을 보여주면서 되받아쳤다(미소를 짓지 않고, 그리고 내가 성화의 과정에서 이룬 한 달 치의 성과를 한 번에 다 잃어버릴 위험에 처했음을 여실히 드러내는 짜증난 말투로).

"이해할 수가 없네요. 만약에 당신이 우리 교회에 온다면, 우리는 그리스도인 형제에게 이렇게 하라고 요구하지는 않을 것입니다."

손님을 맞이하는 태도

확실히, 우리는 "사랑의 정중함을 다하여" 손님을 겸손하게 환대하는 면에서 아무리 주의해도 부족하다. 그런 수도사들을 고지식하다고 말하고 싶다면 그렇게 하라. 하지만 나는 수도원을 찾은 방문객들이 수도사들에게 완전히 "매료되었다"라고 말하는 것을 몇 번이나 들었다. 수도사들은 손님 각자를 그리스도로 반가이 맞이하는 면에서, 그리고 장차 누군가의 인생을 바꾸는 생명체로 자랄 은혜의 씨앗을 심는 면에서, 다소 지나친 점이 있더라도 자기를 가장 중요하게 여기는 태도보다는 "사랑의 정중함을 다하여" 손님들을 환대하는 쪽을 택할 것이다.

그러나 추측건대, 만약에 그 고등부 지도자가 베네딕트의 규칙을 알고 있었다면 베네딕트가 손님맞이에 관한 훈계에서 경고한 말을 근거로 자기 입장을 내세울 수도 있었을 것이다. 베네딕트는 수도사는 "마귀의 미혹"(어쩌면 마귀가 황갈색 바지와 앞단추가 두 개 달린 짙푸른 평상복 재킷을 입고 나타날지도 모르는데)을 반드시 경계해야 하며, 수도원의 일상을 과도하게 깨뜨리는 행위를 용납하지 말아야 한다고 경고한다(베네딕트 규칙서 제53장 5절).

수도원장은 손님이 수도원에 들어올 때 공동체 구성원과 함께 손님의 손과 발을 씻길 수도 있으며, 손님을 위해 금식을 중단할 수도 있다. 그뿐만 아니라 수도원장은 손님들이 "예측할 수 없는 시간에 불쑥불쑥 모습을 나타내서 형제들을 방해하지 않도록" 별개의 독립된 손님 주방에 인력(손님들을 시중드는 형제 두 명과 더불어)을 배치해야 한다(베네딕트 규칙서 제53장 16절). 그리고 수도사는 오직 요청받은 때에만 손님에게 말할 수 있다. 수도사는 수도원에서 어떤 손님을 마주치거나 볼 때 "축복을 구하고 가던 길을 계속 가야 하며 손님과 이야기하는 것이 허용되어 있지 않다고 설명해야 한다"(베네딕트 규칙서 제53장 23,24절).

베네딕트회 수도사들은 다른 많은 영역과 마찬가지로 이 부분에서도 베네딕트의 규칙을 글자 그대로 실천하지는 않지만, 그 규칙에 담긴 정신은 그대로 좇아 지킨다. 요점은 수도원이 제 기능을 다할 때 수도사들이 손님에게 필요한 부분을 가장 잘 돌봐줄 수 있다는 것이다. 그 이유는 타락한 세상이 기독교 공동체에 미칠 수 있는 알아차리기 힘든 영향력과 관계가 있다. 이는 개신교 신자들이 공감하는 관심사다. 개신교 신자들은 특별히 근본주의자의 성향을 구체적으로 나타내면서 "배를 물에 계속 띄우되 물이 스며들지 않게 하기를" 늘 바라왔기 때문이다.

베네딕트는 수도원 생활을 처음 시작하는 사람들이 정말 진지한지 확인하길 원했다. 그래서 그런 사람들을 쉽게 받아들이지 말고 "하나님으로부터 온 영을 지니고 있는지 확인하기 위해 시험하라"(베네딕트 규칙서 제58장 1,2절. 요일 4:1 인용)라고 수도사들에게 주의를 주었다.

지원자는 자신의 진실성을 입증해 보이기 위해 나흘에서 닷새 동안 수도원 문을 계속 두드려야 한다(이는 손님들을 기꺼이 환영해야 할 교회가 그 교회의 친교와 선교에 참여하기 원하는 사람을 시험하고 교리문답을 가르쳐야 하는 것과 마찬가지다). 이렇게 하면 분명한 목적을 지닌 기독교 공동체를 보호할 수 있고 그럴 때 기독교 공동체가 하나님께 받은 임무를 가장 잘 행할 수 있다. 지원자는 공동체에 적응해야 하며, 공동체는 지원자 혹은 '세상'이 공동체의 '의제를 설정'(set the agenda)하게 내버려 두면 안 된다.

비유적으로 말해서, 어쩌면 우리에게는 기독교 공동체의 대문 밖에서 세상을 나흘이나 닷새 동안 기다리게 하는 분별력의 회복이 필요한지 모른다. 이런 개념과 제2차 세계대전에서 독일군과 연합군이 몬테카시노 수도원을 침해한 사건을 비교해보면 정말 대조적이다. 베네딕트가 세운 수도원을 재건한 그 수도원은 2차 대전의 주축을 이룬 나라들(독일, 이탈리아, 일본)과 연합군이 세력 다툼을 하는 동안, 연합군이 힘들게 싸우면서 이탈리아의 수도 로마로 진격하는 과정에서 파괴되고 말았다.

내가 가족들과 그 수도원을 방문했을 때 라틴어 '팍스'(PAX. 평화)라는 문구가 붙은 대문 아래서 우리를 반겨준 수도사는 이렇게 설명했다. 세상이 수도원 대문 밖에서 기다리기를 거부했고 또한 세상의 방법대로, 즉 적군의 의도를 의심한 사람들이 폭격을 부채질해서 수도원을 파괴해버렸다고 말이다. 연합군에게 위협이 된다고 모두가 동의하지도 않은[19] 그 기독교 공동체를 '세상'이 더욱 존중했더라면, 보물이나 다름없는 기독교 유산들이 파괴되지 않았을 것이고 많은 수도사의 삶도 혼란에 빠지지 않았을 것이다.[58]

문 앞의 그리스도

언젠가 어떤 출판업자가 《The Two Cities of God: The Church's Responsibility for the Earthly City》(하나님의 두 도시: 땅의 도시에 대한 교회의 책임)라는 제목의 책을 홍보하려고 아래와 같은 광고문을 냈다. 그 내용이 낯선 사람을 환대하는 것과 타락한 세상의 접근을 막는 것 사이에서 역설적인 춤을 춰야 하는 교회의 상황과 제2차 세계대전 당시에 일어난 위의 사례가 대조적으로 보여주는 사실을 가장 잘 표현하지 않나 싶다.

이 책의 공동 저자 두 사람은 "세상이 의제를 설정하게 하라"라는 1960년대의 대중적인 표어를 뒤집어놓아야 한다고 주장한다. 교회는 세상을 대하면서 스스로 의제를 설정해야 한다. 그리고 그 의제는 삼위일체 하나님의 교제 안에 있는 교회의 삶을 가장 두드

---

19) 당시 독일군이 그 수도원 근방 곳곳에 진을 치고 있었지만, 연합군 사령관 중에는 그 수도원이 연합군에게 위협이 된다고 생각하지 않은 이들이 많았다.

러진 특색으로 나타내야 한다. … 각각의 경우, 이 책의 저자들은 교회가 그리스도를 세상에 가장 위대하게 증언하고 섬기는 방법이 날마다 하나님을 예배하는 데 있다고 말한다. 그 예배는 교회와 그리스도인 개개인의 삶을 통해 이루어지는데, 이러한 삶은 "지상의 도시 안에 있고 또 그 도시를 위해 있는 천국 도시의 상징과 대리인"으로서의 역할을 한다는 것이다.[59]

정확히 그것이 베네딕트의 요점이다.

그러나 낯선 손님을 기꺼이 맞이하는 태도와 관련해서 말하자면, 베네딕트회의 환대를 실천하려고 할 때마다 가장 짜증나는 점이 하나 있다. 손님들이 나타나는 타이밍이다. 나는 베네딕트회의 환대 정신을 따라 아침마다 간략하게 기도하곤 했다.

"주여, 오늘 제가 섬길 수 있는 누군가를 보내주소서!"

그러나 아나나 다를까 그 누군가는 강의하러 가기 5분 전에 (강의를 제대로 준비하려면 적어도 한 시간을 더 연구해야 하는 상황에서) 나타난다. 아니면 꼬르륵거리는 배를 달래면서 점심 먹으러 급히 달려가기 직전에 나타나곤 했다. 나는 손님들과 마주치는 시간을 좌우할 능력이 없다면, 진심으로 그런 기도를 드리면 안된다는 결론에 이르렀다. 그리스도께서 언제 우리 앞에 나타나실지 전혀 예측할 수 없는 것과 마찬가지로, 우리의 '대문' 앞에 있는 낯선 사람이 언제 우리 앞에 나타날지도 전혀 예측할 수 없다. 정확히 그것이 요점이다. 게다가 나를 짜증나게 하지만 그런데도 그리스도라고 마음에 그려야 하는 그 낯선 손님이 어린 아이인 경우가 종종 있다. 낯선 손님을 그리스도처럼 여기는 일에는 종종 인내력뿐 아니라 엄청난 상상력이 필요하다!

블루 클라우드 수도원의 봉헌자 감독관이 봉헌자에게 베푼 협의(conference. 베네딕트회 수도사들이 사용하는 용어로, 개신교 신자들이 수련회의 '좌담회'라고 부르는 모임에 해당한다) 시간에 나는 그 점이 가슴에 와닿았다. 그 시간에 베넷 수사가 존 뢰르(John L'Heureux)가 쓴 〈The Trouble with Epiphanies〉라는 제목의 시를 낭송했다.

그리스도께서 내 방으로 들어와 서 있었고
나는 죽을 만큼 권태로웠다.
나는 할 일이 있었다.
그분이 다리를 절었거나
혹은 다른 어디가 불편했대도
나는 신경 쓰지 않았을 것이다.
나는 원래 장애인들에게 약하지 않으니까.
아무튼 그분은 그 망할 기타를 들고
너무 뻔뻔스럽게
거기 서 있었다.

나는 앉으라고 청하지 않았다.

만약에 그랬다면 그분이

온종일 거기 머물렀을 테니까.

(정직해지자. 당신은

정말 자주 십자가에 못 박힐 수 있지만,

그것으로 끝이다.

무슨 말이냐 하면

다른 누군가에게는 말할 것도 없고

하나님께도 쓸모없게 된다는 뜻이다.)

그래서 조금 있다가 그분에게 말했다.

그런데 무슨 일이죠? 무얼 원하시죠?

그분은 활짝 웃었다. 바보처럼.

그리고 지나가던 중인데

인사하고 싶은 생각이 나서 들렀다고 말했다.

좋아요! 내가 대답했다.

그리고 말했다. 안녕하세요?

그러자 그분은 떠났다.

빌어먹을. 너무 화가 났다.

라디오 소리조차 들리지 않았다.

가서 커피를 조금 마셨다.

그리스도의 문제점은

언제나 부적절한 때에 온다는 점이다. [60]

　당신은 노숙자가 다음 끼니를 언제 먹을지 결코 알지 못하듯이 당신의 다음 손님이 어디에서 올지 전혀 알지 못한다. 우리는 그저 그 사람을 그리스도로 환영해야 한다는 사실만 알고 있을 뿐이다. 그러나 그렇게 하기가 언제나 쉬운 것은 아니다.

chapter **8**

착실함

어딘가에
이르려고
그 자리에
머무르기

앞서 나는 기독교적인 모든 수도생활에 공통된 세 가지 서약, 곧 청빈과 정결과 복종에 대한 서약을 열거했다. 그러나 착실함의 서약은 독특하게 베네딕트회 수도사들에게만 있다. 그것은 일평생 동일한 공동체에 머물겠다는 다짐이다. 그리고 그 서약은 이제 설명하겠지만, 베네딕트회 수도사들에게만 있는 다른 서약, 즉 콘베르사티오 모랄리스(생활의 변화 혹은 날마다 하나님을 향하는 행위)와 매우 중요하게 연결되어 있다.

베네딕트 규칙서 제58장 17절은 공동체가 수도사를 받아들일 때 그 사람이 해야 하는 서약으로 이 두 가지 서약과 복종 서약을 함께 열거한다(베네딕트회의 어떤 수도원에서는 수도사가 수도원에서 꽤 오랜 시간 생활한 뒤에 그 사람을 붙잡아두는 '최종 서약'을 하기도 한다. 예를 들어 베네딕트회 수도사들은 예수회[20] 수도사들과 달리 수

---

20) Jesuit. 1540년에 창설된 남성 수도회로 교육과 학문을 통한 봉사와 선교를 중요하게 여긴다.

도회에 먼저 가입하지 않는다. 베네딕트회 수도사들은 먼저 수도원이나 공동체에 들어오고, 그런 후에 성 베네딕트 수도회에 가입한다).

베네딕트가 설명하듯이 "착실한 인내"(베네딕트 규칙서 제58장 9절)는 결혼 서약과 매우 비슷하다. 수도사들은 결혼한 부부와 마찬가지로, 언제나 지리적으로 똑같은 위치에 있는 것은 아니라도, 똑같은 사람들과 일평생 함께하겠다고 약속한다(돌로레스 렉키[Dolores Lecky]와 데이비드 로빈슨[David Robinson]이 저술한 책들은 베네딕트회의 영성과 부부생활 혹은 가정생활의 연관 관계를 강조한다). 어떤 남편과 아내가 소명이 다르거나 특수한 환경 때문에 함께 지내기가 논리적으로 어려울 때 어쩔 수 없이 얼마간 떨어져 지낼 수도 있듯이, 베네딕트회 수도사도 수도원의 선교활동에 참여하기 위해 공동체 구성원과 떨어져서 과테말라에서 2년을 보낼 수도 있다.

아내와 나는 3천킬로미터 떨어진 곳에서 1년 동안 따로 지낸 적이 있었다. 아내가 하나님의 소명을 감당하려고 캘리포니아주 뉴포트비치의 어떤 교회에서 사역했고, 나는 일리노이주 휘튼 대학에서 계약한 대로 강의 기간을 마쳐야 했기 때문이다. 당시 아내와 나는 서로 떨어져 지내면서 3,4주 간격으로 짧은 만남을 가졌다. 30년 전에 했던 '착실함의 서약', 곧 하나님의 은혜로 가능했던 그 서약이 없었다면 우리는 그렇게 3,4주에 한 번씩 만나면서 1년 동안 살지 못했을 것이다.

공동체를 통한 성장

착실함의 서약은 수도사들에게 자동 유도장치 같은 역할을 한다. 수도사들은 사도로서의 사역(apostolic work)을 마친 뒤에 본래 속한 공동체로 돌아온다. 그리스도인들이 교회를 당연히 '첫째가는 가족'(first family)으로 여기듯이[61] 수도사들도 수도원을 '첫째가는 가족'으로 여긴다. 베네딕트회 블루 클라우드 수도원의 가이 신부는 수도사들과 블루 클라우드 수도원의 관계를 설명하면서 이렇게 말했다.

"하나님께서는 만약에 같이 살지 말지를 우리가 결정할 수 있었다면 절대 선택하지 않았을 사람들의 공동체 안에 우리를 두셨지요."[62]

사실 이 말은 학기가 시작될 때 내가 강의실마다 들어가서 하는 말이다. 나는 하나님께서 대학 강의실의 그 학생들 같은 다양한 사람들을 함께 불러서 그리스도를 닮아 성장하는 데 필요한 것을 서로 일러주고 경청하게 하셨다고 믿을 만큼 철저한 칼빈주의자다. 바질(St. Basil the Great, 330-379, 동방의 수도원조직과 수도생활의 기초를 닦음)이 말했다고 전해지는 대로, "창조주 하나님께서는 우리에게 서로가 필요하도록 세상의 이치를 정해놓으셨다." 그리고 어떤 의미에서 수도원 공동체의 착실함이 바로 그 점과 전적으로 관련되어 있다.

그러나 착실함은 단순히 제자리에 남아 있는 것 이상을 의미한다. 배우자, 부모, 근로자, 이웃, 그 밖의 다른 사람은 우리가 어딘가에서 오랫동안 살거나 일하고 매일 똑같은 사람들과 함께 지내도 주변에서 일어나는 일에 거의 관심 갖지 않는다는 사실을 잘 알고 있다. 착실함은 현재 있는 곳에서 신실한 태도를 보이는 것, 즉 함께 살아가는 사람들과 공동으로 생활하면서 일어나는 일에 진심으로 관심을 갖는 태도를 뜻한다.

사실 착실하게 인내한다는 말은 경청하면서 인내한다는 뜻이다. 하나님께서 누군가를 어떤 사람들 가운데에 두셨을 때 그 사람이 그 무리 안에 머물러있는 까닭은, 바울이 에베소 교인들에게 설명한 것과 같다. 사랑으로 진리를 말하면서 지낼 때 그들과 함께 "온전한 사람을 이루어 그리스도의 장성한 분량이 충만한 데까지" 이를 것이기 때문이다(엡 4:11-16).

이는 오늘 우리 모두가 기억해야 할 매우 중요한 진리다. 환경을 바꿔보는 방법이 언제나 나쁜 것은 아니지만, 변화[21]는 우리를 고삐 풀린 망아지처럼 제멋대로 행동하고, 중심을 잃고, 방향을 잃고, 당황케 하는 상태에 남겨놓기도 한다. 토머스 켈리(Thomas Kelly. 1893-1941. 미국의 목회자, 저술가, 교수)의 어구를 빌려 말하면 우리는 "자아 위원회"[63]의 회원들 같다. 대조적으로

_____

21) 여기서 저자는 '변화'라는 단어를 부정적 의미와 긍정적 의미로 사용한다. 부정적 의미일 때는 교회(공동체)들을 옮겨 다닌다는 뜻이고, 긍정적 의미일 때는 한 교회(공동체)에 꾸준히 머물면서 영적으로 성숙하려고 자신을 내적으로 계속 변화시킨다는 뜻이다.

헨리 나우웬(Henri Nouwen. 1932-1996. 예수회 사제, 영성 저술가)이 트라피스트 수도원 한 곳을 방문한 뒤에 낸 논평은, 착실한 태도로 얻을 수 있는 내적 평화의 느낌을 표현한다.

"나는 어디에 있든지, 즉 집에 있든지, 호텔에 묵든지, 기차를 타든지, 비행기를 타든지, 공항에 있든지, 짜증나거나 불안하거나, 다른 어떤 곳에 있으면 좋겠다거나, 다른 무언가를 했으면 좋겠다는 느낌을 받지 않을 것이다. 나는 내가 이때 이곳에 있기를 원하는 분이 하나님이시기 때문에 지금 바로 여기가 가치 있고 중요하다는 것을 알 것이다."[64]

변화와 성장은 정착할 때 일어난다

하나님께서 우리 인생을 위해 이 땅에 지정해주신 좌표에 종종 만족하지 못하는 우리는 사라바이트(sarabaite. 정해진 규칙을 따르지 않고 자기 뜻대로 사는 수도사들)보다 기로바구스(gyrovagues. 여기저기 정처 없이 옮겨 다니는 수도사들)를 더 많이 닮았다. 이들은 베네딕트가 규칙서 제1장에서 네 번째로 열거하는 수도사들의 부류로, 사라바이트 부류보다 더 나쁘다. '기로바구스'(gyrovagues)라는 단어는 '원'(circle)이라는 뜻의 라틴어와 '돌아다니다'라는 뜻의 헬라어를 결합한 용어다. 다시 말해서, 그들은 원을 그리면서 수도원들을 돌아다녔다.

베네딕트는 그들이 이 수도원 저 수도원을 목적 없이 돌아다 녔고, 사흘이나 나흘 이상 한곳에 머무르는 법이 없었다고 말한다. 또한 베네딕트는 그들이 새롭게 변화하기에 유익한 지루한 육체노동에 참여하라는 요구를 받기 직전에 그 수도원을 떠난다는 것을 넌지시 내비친다. 그런 수도사들에 대한 베네딕트의 지적은 현대의 어떤 그리스도인들을 정확히 겨냥한 경고처럼 들린다.

"그들은 언제나 옮겨 다니기 때문에 정착하는 법이 없다. 그들은 자신의 뜻과 천박한 성향의 노예들이다"(베네딕트 규칙서 제1장 11절).

현대의 기로바구스들은 '저쪽에 있는' 풀, 즉 또 다른 결혼생활, 또 다른 교회, 또 다른 집, 또 다른 일자리에 있는 풀이 더 푸르다고 믿는다. 그런데 문제는 여기저기 돌아다니다가 다른 목초지를 찾아가도, 풀 색깔이 서의 동일하다는 사실을 발견한다는 점이다. 또한 이들은 동일한 풀 색깔뿐 아니라 자신이 아무런 성장 없이 그대로라는 것도 발견한다. 성품의 변화와 성장은 또 다른 목초지를 향해 내달릴 때가 아니라, 현재의 목초지에 남아있을 때 일어난다. 바로 이러한 점이 착실함의 서약과 콘베르사티오 모랄리스(생활의 변화 혹은 날마다 하나님을 향하는 행위) 서약을 서로 연결한다.

라틴어 콘베르사티오(conversatio)는 문자적으로 '컨버세이

션'(conversation)$^{22)}$으로 번역된다. 나는 어릴 적 우리 교회의 남학생 클럽 '스카이 파일러츠'(Sky Pilots)에서 영성 키우기의 한 훈련으로 성경 구절을 암송했을 때 그 사실을 배웠다. 하나님의 성회 교파에 속한 우리 교회는 킹제임스성경(King James Bible)을 사용했는데, 그 성경의 베드로전서 1장 15절은 "오직 너희를 부르신 거룩한 이처럼 너희도 모든 행실(conversation)에 거룩한 자가 되라"라고 쓰여 있다(라틴어 콘베르사티오[conversatio]는 이 구절에서 '행실'이라는 뜻으로 사용된 헬라어 아나스트로페[anastrophe]를 번역한 것이다).

다행히 나는 그 클럽에서 활동하면서 박식한 어른 한두 명을 알았고, 그분들은 그 구절에 나오는 '컨버세이션'이 '행실' 혹은 '생활방식'을 뜻하므로 그 말씀이 단순히 언어생활을 조심하라는 권면이 아니라고 설명했다(그렇지만 우리 스카이 파일러츠 클럽의 '대령'은 내가 "젠장"[darn]이라는 말을 한 번 입 밖에 냈다고 엄청나게 혼냈다. 그는 너무 무섭게도, 그 말이 사실은 "저주를 받아라"[damn]라는 뜻이라고 설명했다. 당신은 내가 어릴 때 저지른 실수와 똑같은 실수를 하지 않겠지만, 참고로 나는 "망할"[doggone it]이라는 말이 사실은 "빌어먹을"[goddamn it]을 뜻한다는 것도 그에게서 배웠다. 생각해보면 그때부터 그리스도인다운 인격이 이루어지기 시작하지 않았나 싶다).

---

22) 현대영어에서는 '대화'라는 뜻이지만 고대영어에서는 '행실', '태도'의 뜻으로 쓰였다.

따라서 콘베르사티오 모랄리스는 어떤 사람의 생각과 행동에 따라 좌우되는 생활방식을 일컫는다. 수도사의 경우에는 수도원의 생활방식이 바로 콘베르사티오 모랄리스다. 이는 단순히 최초의 회개나 '방향 전환'이 아니다. 최초의 회개나 방향 전환은 라틴어로 콘베르시오(conversio)[23]라고 한다. 콘베르사티오 모랄리스는 개신교 신자들에게 친숙한 개념인 콘베르시오(회심)와 더불어 시작되는데, '콘베르시오'라는 단어는 내가 만난 수도사 두 명이 체험한 것과 마찬가지로 때로 누군가의 인생에서 극적인 사건들을 떠올리게 한다.

회심을 넘어 일상의 태도로

한 사람이 진리를 찾고 있었다. 현대의 개신교 대형교회가 쓰는 용어로 말하자면, 그는 영적으로 목말라하면서 구원의 길을 찾는 구도자였다.

그러던 어느 해 재의 수요일, 뉴욕의 거리를 걷던 그는 설명하지 못할 이상한 이유로 성 패트릭 성당 안으로 들어갔다. 그리고 마찬가지로 설명하지 못할 이상한 이유로 기독교로 개종한 뒤에 성당 건물 밖으로 나왔다. 그 결과 그는 어거스틴이 회심

---

23) 영어로 '컨버전'(conversion)으로, 회심, 방향 전환, 개종의 뜻임.

한 후에 했던 것과 마찬가지로, 로마 가톨릭에 들어갔고 수도원 생활방식에 참여했다.

또 한 사람이 있다. 그는 물질적으로 매우 부유하지만 영적으로는 가난한 하청업자였다. 어느 날, 그는 자신의 영혼에 대해 깊이 생각해보려고 어느 수도원으로 향하고 있었다. 그는 테이프에서 나오는 묵상을 들으면서 자동차를 몰았다. 예수님이 부유한 젊은 관원을 만나 "네게 있는 것을 다 팔아 가난한 자들에게 나눠주라 … 그리고 와서 나를 따르라"(눅 18:22)라고 초대하신 내용이었다.

그가 수도원에 도착했을 때 수도사들은 성무일과 가운데 한 가지를 막 시작하려는 중이었다. 그 시간에 수도사들이 읽은 말씀은 누가복음 18장이었고, 그는 예수님의 초대를 다시 한번 들었다. 그는 하나님께서 그에게 무언가를 말씀하려 하신다고 확신했다. 마침내 그는 재산을 처분해서 가난한 사람들에게 거저 준 뒤에 수도원에 들어갔다. 그는 다음과 같이 말하면서 간증을 요약했다.

"한때 저는 모든 것을 다 가졌지만 아무것도 없었습니다. 그러나 지금은 아무것도 없지만 모든 것을 다 가졌습니다."

이 두 명의 수도사는 그리스도께 돌아오는 많은 이들이 체험하는 콘베르시오(회심)를 겪었다. 그러나 콘베르시오를 겪은 자는 누구든지 콘베르사티오로 나아가야 한다. 즉 회심에서 머물러 있지 말고 생활방식과 일상의 태도로 반드시 나아가야 한다는 것이다.

마운트 성 스콜라스티카 수도원(Mount St. Scholastica Monastery)의 아이린 노웰 수녀는 캔자스주 애치슨에서 열린 대회에서 봉헌자들과 봉헌자 감독관들을 위해 콘베르사티오의 의미를 훌륭하게 풀어 설명했다.

"콘베르사티오는 함께 생활방식을 바꾸고 함께 변화되려는 일상의 자발성이며, 훌륭한 본보기가 되려는 자발성이다. 그리스도께서 우리 모두를 영원한 생명으로 데려가시기를 늘 기도하면서 겸손하고 지혜롭고 평화롭게 일상을 살아가려는 자발성이다."

베네딕트회의 콘베르사티오 개념은 일회적인 사건이 아니라 지속적인 과정의 성격을 띤다.

로버트 루이스 윌켄(Robert Louis Wilken, 종교사학자, 교수)은 교황 그레고리 1세가 저술한 《Life of Benedict》(성 베네딕트의 생애)에 대해 언급하면서 그 점을 훌륭하게 설명했다. 그 책에서 그레고리 1세는 베네딕트에게 있어서 "자신과 함께 사는"(live with himself) 것이 무엇을 뜻했는지 깊이 살핀다. 그레고리 1세는 그 구절을 가지고 누가복음 15장 17절(탕자 이야기에 나오는 한 구절)에 대해 언급한다.

"그레고리는, 항상 자신과 함께 사는 사람이 어떻게 '자신에게 돌아왔다'[24]라고 말할 수 있는지 질문한다. 그레고리는 자신에게 돌아왔다는 그 표현이 '자신의 영혼을 계속 살피고', 언제나 하나님 앞에서 자신을 보고, 자신의 생활과 행동을 주의하는 것을 뜻한다고 말한다. … 그레고리는 '왜냐하면 우리가 하나님 말씀 안에서 자신을 살필 때 하나님 말씀을 더욱 참되게 이해할 수 있기 때문이다'라고 말한다."[65]

사랑은 혼자 할 수 없다

지금까지 살펴본 대로, 이 콘베르사티오(생활의 변화 혹은 날마다 하나님을 향하는 행위)는 우리가 만든 공동체나 전통이 아닌, 하나님께서 우리를 두신 공동체나 전통 안에서 일어난다. 아이린 노웰 수녀는 이렇게 말했다.

"우리는 모든 상황에서, 상호작용하는 모든 사람의 도움으로, 상호작용하는 모든 사람과 함께 몇 번이고 되풀이해서 생활 방식을 바꾸고 변화된다."

베네딕트회의 전통에 공동체 없는 수도생활은 없다. 베네딕트

---

24) come to oneself. 관용구로 쓰일 때는 '정신을 차리다'라는 뜻인데 한글 개역개정 성경은 "이에 스스로 돌이켜"라고 해석했다. 한편 그레고리 1세는 이 어구를 문자 그대로 '자신에게 돌아오다'라는 뜻으로 해석해서 논지를 전개한다. 바로 위에 나오는 'live with oneself'도 관용구로 '자존심을 지키다'라는 뜻인데, 그레고리는 이 어구 역시 '자신과 함께 살다'라고 직역한다.

는 파코미우스(Pachomius. 292-348. 이집트의 수도사, 공동으로 생활하는 수도원제도의 창시자), 어거스틴, 그리고 다른 사람들이 앞서 발전시킨 것으로, 수도원 생활을 기초로 하는 수도사 전통의 일부였다. 이 전통은 공동의 생활을 통해서만 영적으로 발달할 수 있다고 여겼다. 사막의 고독한 삶은 은둔하는 수도자들에게 나름의 유익을 주었다. 그러나 교만과 자기기만을 부추기는 등의 함정도 갖고 있었다. 수도사들이 복종, 겸손, 정결과 같은 성품을 더욱 계발하기 원했다면 다른 사람들과 함께 지낼 때 그런 특성을 가장 잘 키울 수 있으리라는 점은 명백했다.

이미 지적했듯이, 주변에 아무도 없고 혼자인 상태로는 누군가에게 복종하거나 다른 사람을 사랑하고 겸손하게 행하는 것이 불가능하지는 않더라도 어렵다. 그래서 베네딕트가 코에노비움(혹은 수도원 공동체)을 '주님을 섬기기 위한 학교', 즉 예수 그리스도의 제자로서 삶의 기술을 배울 수 있는 곳이라고 규칙서 서문에서 말한 것이다.

마이클 케이시는 어떻게 공동체가 우리 삶에 변화를 일으키는 요인으로 작용할 수 있는지를 훌륭하게 기술한다.

하나님께서는 어떤 인간을 정결하게 하는 일을 시작하실 때 대부분은 인간 매개자를 통해 그 과정을 이루신다. 왜냐하면 하나님의 은혜를 받아들이지 못하게 막는 우리 존재의 구성요소가 다른

사람들의 눈에 추악한 결점으로 보이기 때문이다. 그 사람들이
우리에게 보이는 부정적인 반응은 거울 역할을 한다. 우리는 그
거울을 들여다볼 때 흉하게 일그러진 자신의 성품을 본다. 그리
고 그 성품을 극복하려고 힘쓰게 된다.

다른 이들에게 거부당했을 때 느끼는 아픔은 사람들에게 더욱 사
랑받는 존재로 성장하도록 자극하는 정화제의 역할을 한다. 이런
방면에서의 발전은 하나님께서 하시는 일에 더욱 마음을 여는 자
동적인 결과를 낳는다. 물론 다른 사람들이 반응하면서 알려주
는 진실을 묵과하며 따르지 않는 이들도 있다. 이들은 다른 사람
들에게 빈정대고 맞대응하여 비난하는 태도를 더 튼튼하게 굳히
고 사랑과 하나님으로부터 더 멀어진다.[66]

우리는 한곳에 머물러있지 못하고 재빨리 움직이는 경향이 있
다. 기로바구스(수도원을 정처 없이 옮겨 다니는 수도자)의 문제는
가면이 어느 정도 흘러내릴 만큼 충분히 오랫동안 한곳에 머물
러있지 않는다는 점이다. 오직 우리가 다른 사람들과 관계를 맺
으면서 한곳에 충분히 오래 머무를 때, 사람들은 우리가 자신의
실상을 직시하고 자신의 변화를 받아들이는 사람이라는 것을
알 것이다. 로완 윌리엄스(Rowan Williams, 영국성공회 켄터베리 대
주교)는 이에 관해 다음과 같이 잘 논평했다.

"자기중심적인 헛된 생각으로 쌓은 우리의 장벽은 다른 사람

들의 사나운 존재로 인해 무너진다."⁶⁷

이 시점에서, 초기 수도사들에 관해 다음과 같이 우리를 일깨우는 윌리엄스의 권고는 타당하다.

"네 골방에 머물러라. 그러면 네 골방이 모든 것을 가르칠 것이다."

현대적인 언어로는 이렇게 말할 수 있다.

"다른 쪽의 풀이 언제나 더 푸른 것은 아니다."

하나님이 두신 곳에 머물라

안토니 블룸이 지적하는 대로, 우리는 종종 외적인 자극에 기초해서 살아간다. 윌리엄스는 그 말에 동의할 뿐 아니라 한 걸음 더 나아간다. 그는 수도생활이란, 새롭고 신선한 자극을 성공적으로 찾아내면 그리스도 안에서 성숙할 수 있다고 여기는 세태를 거부하는 것임을 일깨우며 이렇게 말한다.

"하찮은 임무들로 짜여있는 제한된 일상, 전적인 단조로움, 고독 등, 자존심 상하고 전혀 '영적이지 않은' 수도생활을 체험하지 않으면 인간의 본성을 마주할 길이 없다. 그것은 환상을 파괴하기 위한 훈련이다."⁶⁸

우리의 주의를 하나님에게서 뺏는 것들이 많이 있다. 최신 자기계발 프로그램을 입수하려는 그칠 줄 모르는 노력, 최고로 섹

시한 배우자, 가장 '핫'한 신인 가수, 인간의 잠재력이나 고대의 지혜를 밝혀준다고 최근에 '재발견된' 비밀, 정신을 극도로 멍하게 만드는 비디오 게임, 심지어 성공적인 삶에 대한 기독 유명 인사의 최신 베스트셀러 지침서조차도, 하나님께서 우리 안에 은혜로 행하시는 일에서 우리의 시선을 다른 데로 돌려놓을 수가 있다.

하나님께서 우리를 어떤 상황과 공동체 안에 두셨을 때 자신의 환경을 제멋대로 좌우하려는 욕구를 버려라. 하나님께서 그 상황과 공동체를 사용하여 놀랍게 일하시도록 믿고 따른다면, 우리는 인생의 많은 문제를 해결할 수 있을 것이다. 이는 마치 알루미늄 캔을 재활용하듯이 빈번하게 주변 사람과의 관계를 갈아치우는 문화에서는 특히 더 그렇다.

"도기 냄비 기독교"(Crockpot Christianity)라는 말은 "나는 하나님께서 뜻하신 사람이 될 때까지 한 곳에서 뭉근하게 끓겠다!"라는 베네딕트회의 착실함을 훌륭하게 표현한다. 착실함은 나 자신에게서 도망치지 않는다는 뜻이며, 다른 사람들을 알 때 그들에게서도 도망치지 않는다는 뜻이다. 착실함은 할로윈 장식을 7월 중순에 미리 매장에 내놓는 근처의 한 쇼핑몰과 달리, 현재에 발을 딛고 산다는 뜻이다.

하나님께서 우리를 어떤 좌표의 시간과 공간에 두셨을 때 거기에 확고부동하게 남아 있는 태도가 대체 왜 그렇게 중요할까?

마이클 케이시는 이렇게 설명한다.

"한결같은 삶을 엄격히 유지하는 수도생활의 목적은 내면에 숨은 성격의 측면들이 분명하게 드러나는 분위기를 만드는 것이다. 새로움과 지속적인 다양성은 내적으로 더 깊이 들어가는 과정을 방해하는 반면, 외적인 단조로움은 내적인 변화를 자극한다."[69]

하나님께서 우리를 어떤 공동체와 관계 안으로 부르셨을 때, 그 안에서 우리가 서서히 부글부글 끓게 된다면 분명 참된 자신을 발견하고, 또 하나님을 발견할 것이다. 그러나 현재 있는 곳에서 하나님을 발견하지 못한다면 다른 어떤 곳에 가도 발견하지 못할 것이다. 극단적인 고통이나 폭력을 당한 이들은 예외겠지만, 현재의 결혼생활, 현재의 직장생활, 현재의 이웃, 현재 교회의 친교에서 하나님을 본 적이 없다면, 아마 다음번 결혼생활, 직장, 이웃, 교회에서도 하나님을 보지 못할 것이다.

가정, 영적 알몸수색이 이뤄지는 곳

우리가 기독교 공동체에 접근할 때, 소비자가 중심이 되어야 한다는 생각으로 교회를 옮겨 다닌다면(혹은 교회들을 쇼핑한다면) 알몸수색에 해당하는 영적인 조사를 받을 일이 거의 없을 것이다. 그러나 그런 조사를 받지 않아도 자신의 영적 상태를 알 수 있다. 이는 마르틴 루터가 주목했듯이, 가정이 많은 면에서 수도원의 코에노비움(공동생활)과 아주 비슷하기 때문이다.

우리의 가족과 같은 평범한 사람들은 수도원의 공동생활 같은 삶을 체험한다. 배우자, 부모, 형제자매, 자녀들은 우리를 아주 잘 안다(앞서 "하나님께서는 만약에 같이 살지 말지를 우리가 결정할 수 있었다면 절대 선택하지 않았을 사람들의 공동체 안에 우리를 두셨다"라는 가이 신부의 말을 소개했는데, 나는 이 말을 배우자를 제외한 가족 구성원 모두에게 적용해도 괜찮지 않을까 싶다. 즉, 우리가 부모, 형제자매, 자녀들을 선택한 것이 아니라는 얘기다!).

가족에게는 무언가를 숨기지 못한다. 혹은 적어도 오랜 기간 숨기지 못한다. 또 우리 스스로 어떤 존재가 되었다거나 어떤 인격을 갖추었다고 생각하더라도, 언제나 그런 존재나 인격으로 살아갈 수 없음을 가족들 덕분에 깨닫게 된다. 이런 사실은 우리 생활을 철두철미하게 변화시키는 단계로 들어가기 위한 놀라운 입장권이다.

놀라운 역설은 오직 착실함을 통해서만 영적 변화를 체험할 수 있다는 것이다. 즉 하나님께서 우리를 두신 곳에 머물러있을 때만 가능하다. 수도사들의 콘베르사티오(생활의 변화 혹은 날마다 하나님을 향하는 행위) 서약은 하나님과의 관계에서 현재 상태에 절대 만족하지 않겠다는 약속이다. 그러나 역설적으로, 우리가 하나님과 똑같은 관계에 머물러있지 않기 위해서는 똑같은 공동체에 머물러있어야 한다.

존 헨리 뉴먼(John Henry Newman. 1801-1890. 영국성공회 추기경, 가톨릭 신학자)은 지혜롭게도 이러한 사실을 깨달았다.

"더 높은 세상에서는 그렇지 않지만, 그 아래인 이곳에서 살아간다는 것은 변화된다는 것이고, 자주 변화된다는 것은 완벽해진다는 것이다."[70]

어쩌면 당신은 수도사들이 착실함의 서약을 절대로 어기지 않는지, 즉 수도사들이 수도원을 절대 떠나지 않는지를 궁금해할지도 모른다. 그러면 '죽음이 갈라놓을 때까지' 결혼생활을 지키겠다고 서약한 사람들은 어떤가? 그들은 절대 이혼하지 않는가? 그런 일은 일어난다. 의도하거나 절대 원하지 않지만 일어난다. 그 결과 양쪽 모두의 환경(수도원과 결혼생활)에 흉터를 남긴다.

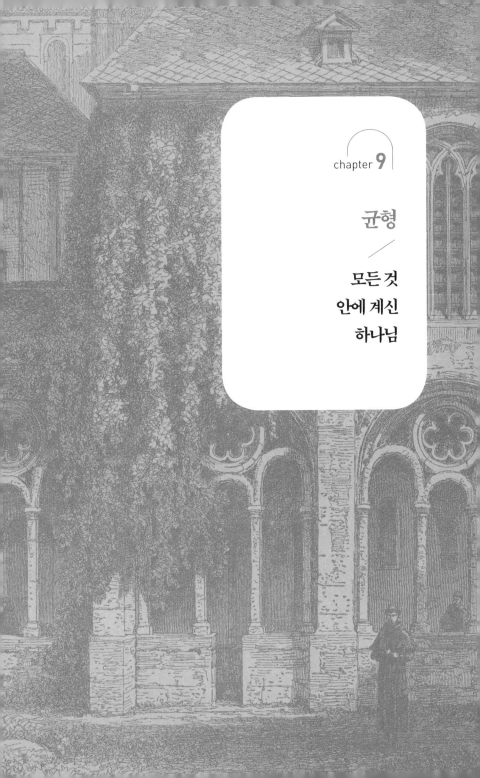

chapter 9

균형

모든 것
안에 계신
하나님

수도생활에 고정관념을 품고 있는 사람이 베네딕트회 영성의 주춧돌이 바로 '균형'임을 알고 나면 놀랄지도 모른다. 사실 베네딕트회의 표어는 "노동하고, 공부하고, 기도하라"다. 이상적인 경우, 수도사는 하루에 6시간을 노동하면서 보낸다. 3시간은 공부하면서, 4시간은 기도하면서 보낸다. 사실 베네딕트 규칙서 제48장에는 기도, 노동, 휴식, 공부, 식사 이렇게 다섯 가지 활동이 조화롭게 서로 엮여 있다. 그리고 그 모든 활동을 "의지가 약한 사람들을 위해 적절한 비율로"(베네딕트 규칙서 제48장 9절) 행해야 한다고 정한다.

　'적절한 비율'이라는 표현이 내비치듯 베네딕트는 극단적인 생활을 금했다. 그는 종교적 영웅이나 영적 금메달리스트를 원하지 않았다. 그는 규칙에서, 가혹하거나 어려운 어떤 행동도 수도사들에게 요구하지 않았다. 동방교회의 어떤 수도사들에게는 (심지어 서방교회의 몇몇 수도원들조차) 음식, 수면, 음료 같은 영역에서 도를 넘지 않은 베네딕트의 요구들이 느슨하고 싱겁게 느껴질지 모른다.

사실 내가 가르치던 한 학생도 그런 반응을 보였다. 그 학생은 그리스 정교회(복음주의적 신념을 가진)에 푹 빠져있었다. 우리가 수학여행 기간에 이스라엘의 성 조지 그리스 정교회 수도원(St. George Orthodox monastery)을 방문했을 때, 그는 "보셨죠? 제가 뭐랬어요?"라는 태도를 보였다. 거기에는 그 학생의 열정에 딱 어울리는 엄격하고, 융통성 없고, 뻣뻣하게 굳은 이상적인 공동체가 있었다. 그러나 내가 보기에는 '그리스도를 향한 열정 이외의 모든 면에서 도를 넘지 않는' 베네딕트가 복음주의적 이상에 더 가까운 것 같다.

'의지가 약한 사람들'을 배려하는 이런 온건함은 견고한 성장을 일으킨다(그것이야말로 영적 삶에 관한 베네딕트의 이상적인 목표다). 그뿐 아니라 개인적인 의사 표현, 인간 삶의 현실적인 면들, 변화하는 시간과 계절을 적절하게 고려한다. 만약에 영성의 형성에 대한 베네딕트의 이상이 "나는 건물을 짓고 있어요. 성령의 전이죠"라는 빌 먼로(Bill Monroe)의 복음성가 노랫말과 같다면, 베네딕트가 염두에 둔 건물은 아마도 지진을 견디도록 설계된 현대의 고층 건물과 가장 비슷할 것이다. 그 건물은 지진의 진동에 따라 유연하게 흔들리지만 튼튼하다.

이러한 영적 생활은 뻣뻣하게 굳어서 휘지 않는 근본주의의

돌기둥보다 인생의 예상치 못한 폭풍을 훨씬 더 잘 견딜 것이다. 무턱대고 이상을 좇는 행위는 위험하다. 불합리하고 고집스럽게 극단으로 치달으면 미덕조차 악덕이 되기도 한다. 영리한 쿼터백(quarterback. 미식축구에서 공을 던지거나 차서 앞에 있는 공격수들에게 패스하는 사람)은 상대방 수비수들이 대형을 바꿀 때 작전을 바꿀 줄 알아야 한다.

베네딕트가 수도원장에게 요구하는 분별력과 온건함의 예를 아래에 제시해보았다. 내가 책 앞부분에서 인용했던 유머도 이 단락에 나온다.

각각 하나님께 받은 자기의 은사가 있으니 이 사람은 이러하고 저 사람은 저러하니라(고전 7:7). 그러므로 다른 사람들의 음식과 음료의 양을 구체적으로 정하기는 다소 어렵다. … 지역적인 상황이나 노동, 또는 여름철의 더위로 포도주가 더 많이 필요할 때는 수도원장이 그 양을 결정할 것이다. 수도원장은 과음이나 술 취함이 공동체 안에 슬그머니 들어오는 일이 일어나지 않게 매우 주의해야 한다. 우리는 수도자들이 포도주를 조금도 마시지 않아야 한다는 것을 책을 통해 안다. 그러나 우리 시대의 수도사에게 이것을 이해시키기는 어려우므로 취할 정도로는 마시지 말고 적당히 마시기로 의견을 모으자. 포도주는 지혜로운 사람이라도 곁길로 빠지게 하기 때문이다(베네딕트 규칙서 제40장 1,2,5-7절).

잠시 멈춤의 기도 시간

분명히 베네딕트는 신체, 정신, 영혼의 균형을 이루는 지혜를 지니고 있었다. 베네딕트는 양팔 저울의 한쪽인 육체를 무시하면서 다른 한쪽인 영혼에 과도한 무게를 싣지 않았다. 그는 신체의 필요와 영의 필요가 떼려야 뗄 수 없는 관계가 있다는 사실을 알았다. 그의 관점은 전인적(全人的)이었다.

요점은 하나님께서 지금 이루어가시는 창조의 회복(롬 8:18-27)에 제외되는 인생의 국면이 아무것도 없다는 점이다. 모든 것이 하나님 백성의 구원과 관련된 하나님의 은혜로운 통치의 일부다. 베네딕트의 영성은 육체를 빼버린 영성이 아닌 전인적인 변화를 추구한다.

수도원의 일상의 리듬을 보면 이를 알 수 있다. 수도사들은 할 일이 매우 많을 수는 있지만, 수도원의 일상에서 급하게 시간에 쫓기는 '분주함'은 없다. 그들의 일상에는 적절한 관점을 유지하는 균형이 있다. 소유물, 자아, 일, 그 밖의 다른 모든 좋은 것들은 우리의 모든 것을 요구하는 우상이 되기 쉽다. 수도생활의 균형은 이런 우상으로부터 우리를 지켜나가는 데 필요하다.

베네딕트회 수도사들은 오푸스 데이(Opus Dei. 하나님의 일)를 중심으로 그런 시각과 균형을 키운다. 오푸스 데이는 하루 일상의 정해진 시간에 간간이 끼워 넣은 기도 시간을 뜻한다(그래서 이를 '정해진 시간마다 드리는 예배'[liturgy of hours] 혹은 '일상의 계획'[Horarium]이라고 한다). 거기에는 모든 '기도회'의 중심인 시편 낭송도 포함된다.

원래 '정해진 시간마다 드리는 예배'는 하루 여덟 차례의 기도와 관계가 있었다(이 여덟이라는 숫자는 시편 119편에서 유래했는데, 62절에 나오는 "밤중에" 일어나는 것과 164절에 나오는 "하루 일곱 번씩"을 결합한 것이다). 이 여덟 차례의 기도는 철야기도, 새벽기도, 찬양(아침기도), 오전 9시 기도, 정오 기도, 오후 3시 기도, 저녁기도, 취침 전 기도다. 다른 수도회보다 더 엄격한 시토 수도회(혹은 몇몇 트라피스트 수도회의 경우)는 새벽 3시 30분쯤에 일어나 하루를 시작하면서 이 여덟 차례의 성무(聖務)를 계속한다. 물론이런 방식으로 기도하는 수도사들은 밤 9시 30분에 잠자리에 든다.

그보다 덜 엄격한 현대의 베네딕트회 수도사들은 보통 하루 네 차례의 기도 시간을 지키는데, 아침 6시경에 드리는 아침기도를 시작으로 저녁식사 후에 드리는 취침 전 기도로 끝맺는 것이 일반적이다. 어쨌거나 그들은 매일 일정한 시간을 정해놓고 기도드린다. 만약에 하루 몇 차례씩 기도하지 않는다면 쉬지 말고 기도하라는 바울의 명령을 따르지 못할 것이다.

이처럼 하루를 살아가는 동안 정해진 시간마다 의도적으로 기도로 돌아가는 삶의 요점 중 하나는, 바로 자신의 영적인 삶에 주의를 기울이려는 마음가짐이다. 끼니를 챙겨 먹는 습관적인 시간처럼 본질적으로 중요하게 여기는 것이다. 우리는 보통 그날에 해야 할 일들을 목록으로 작성하고 거기에 '점심시간'을 써넣지 않는다. 우리는 하루 중 다양한 시간에 음식을 먹어 치우는 것에 온통 몰두한다.

어떤 사람은 균형 잡힌 식단을 하루 여섯 차례 소량씩 먹으라고 충고한다(수도사들처럼 하루 여덟 번 시간을 정해놓고 기도하라는 말은 아니지만 그와 비슷한 개념이다). 어쨌거나 음식을 먹는 것은 우리에게 제2의 천성이 된다. 마찬가지로, 일상의 발걸음을 멈추고 하루 몇 차례 정해진 시간에 기도하면 우리가 행하는 모든 일에 기도가 스며든다.

콜롬바 스튜어트는 이 요점을 간결하게 설명한다.

"베네딕트의 규칙에서 볼 수 있는 그의 가장 기본적인 통찰력은 일상의 수단으로 하나님을 찾아야 한다는 점이다. … 베네딕트는 그리스도께 주의를 기울이는 몇 가지 훈련들, 곧 기도하면서 하나님의 말씀을 듣고 하나님께 반응하는 방식으로 이루어진 훈련을 날마다 일과에 짜 넣도록 가르치고자 했다."[71]

일과 기도의 균형

이처럼 시간을 정해놓고 기도하면 매우 효율적으로 하루를 살아갈 수 있다. 내가 수도원에서 지낼 때 어떤 프로젝트(식탁을 주제로 한 초기 수도사들의 저작 연구 같은)를 작업하다 보면 공동의 기도 시간을 알리는 벨이 울린다. 특히 한창 연구에 몰입하거나 논문을 써 내려가는 바로 그 순간에 벨이 울리는 경우가 종종 있다. 그 벨 소리는 공동의 기도가 시작되기 전에 내가 성가대석으로 가서 앉아야 할 시간이 5분밖에 남지 않았다는 것을 알린다. 그럴 때면 나는 연구나 논문 작성을 계속하고 싶은 유혹이 들지만, 펜을 내려놓거나 책을 덮고 예배당으로 서둘러 달려간다. 왜냐하면 베네딕트가 강력하게 주장한 대로 "어떤 것도 하나님의 일보다 더 좋아하면 안 되기"(베네딕트 규칙서 제43장 3절) 때문이다(베네딕트는 공동체의 유익을 위한 시간 엄수를 매우 강조한다. 지각한 수도사는 수도원장이 그만 일어나 성가대석 제자리로 돌아가라고 허락할 때까지 수도원장 앞에서 바닥에 배를 깔고 엎드려야 한다고 분명하게 요구한다[베네딕트 규칙서 제44장 1-3절 참고]. 나는 지금까지 수도원을 다니면서 그런 자세를 취하는 수도사를 한 번도 본 적이 없지만, 수도사들은 보통 모임에 늦는 법이 없다. 언젠가 나도 습관적으로 강의에 늦는 학생들에게 바닥에 배를 깔고 엎드리는 벌을 주겠다고 위협한 적이 있었는데 생각을 고쳐먹고 실천하지는 않았다).

수도생활을 하지 않는 그리스도인 근로자들도 수도사들이 기도 시간을 가지려고 일상의 행보를 멈출 때 하는 것과 같은 종류의 무언가를 할 수 있다. 사실, 베네딕트회의 한 수도사는 《Take Five》(5분을 내라)라는 제목의 소책자를 출판하여 개인이나 소그룹이 낮에 실천할 수 있는 5분 기도 자료 시리즈를 제공했다. 요점은, 평일 내내 시간을 정해놓고 기도를 반복하면 자신의 일상의 일이 전적으로 무엇과 관계되어 있으며 무엇을 위한 것인지 다시 떠올리며 집중할 수 있다는 것이다.

동시에 일(work)은 인생이 단지 기도에 관한 것만이 아니라는 사실을 우리에게 일깨운다. 이는 디트리히 본회퍼가 나치 정권 동안에 자신의 지하 신학교(수도원을 닮은 작은 공동체) 학생들에게 강조했던 관점이다.

기도와 일은 다른 것이다. 일이 기도를 방해하면 안 되지만 또한 기도가 일을 방해해도 안 된다. 6일 동안 일하고 안식일에 쉬면서 하나님 앞에서 거룩한 날을 지켜야 한다는 것이 하나님의 뜻이었듯이, 그리스도인들이 모든 날을 일과 기도로 뚜렷하게 표시해야 한다는 것도 하나님의 뜻이다. … 기도와 일이 제각기 당연히 받아야 할 자기 몫을 받을 때 그 두 가지가 서로 밀접하게 관련되어 있다는 점이 분명해질 것이다. 하루의 노동이 없는 기도는 기도가 아니고 기도가 없는 일은 일이 아니다.[72]

이렇게 기도와 일의 균형을 잡으면 교만에서 나온 다양한 유혹에 빠지지 않는 데 도움이 된다. 일례로, 기도와 일을 번갈아 하는 생활 리듬은 보통 과로를 자축(自祝)의 수단으로 여기는 우리의 성향을 줄여준다. 누군가가 자기 일이 얼마나 어렵고 힘든지 지루하고 장황하게 설명할 때 우리는 모두 "당신은 당신이 바쁘다고 생각하지만 나는 더…"라고 맞받아치는 잘못을 저지른 적이 있다. 우리는 경쟁이 없던 곳에 경쟁을 만들어내고 거만한 태도로 남보다 유리한 위치나 지위를 차지한다.

또한 하루를 살면서 간간이 기도하거나 시편을 읽으려고 '5분을 낸다'면, 나를 지탱해주는 하나님의 은혜보다 나의 일을 더 신뢰하고 합리화하려는 시도를 물리칠 수 있다. 사실, 수도원의 성무일과가 "여호와여 속히 나를 도우소서"(시 40:13. 베네딕트 규칙서 제18장 1절 인용)라는 시편 기자의 말로 시작된다는 점은 의미심장하다. 일이 우리 삶의 타당함을 보여주는 것은 아니다. 우리가 열성적으로 활동하지 않아도 지구는 여전히 회전축을 중심으로 계속 자전할 것이며 하나님께서 여전히 통치하실 것이다.

일과 소명

기도와 일을 병행하면 심지어 일상의 일을 통해서 하나님을 더 깊이 알 수 있다. 단조롭고 지루하게 반복되는 일은 우리가 일에서 인생의 궁극적인 의미를 찾아낼 수 없다는 것을 가르친다. 일은 우리를 부족함 없이 채워주지 못하며 만족을 주지 못한다. 그래서 일(직업)과 천직(소명)을 구별하는 것이 중요하다.

이는 '빨래하는 것'과 '예술가가 되는 것'의 차이다.

천직(vocation. 문자적으로 '소환' 또는 '초대'를 뜻하는 라틴어 보카티오[vocatio]에서 유래했다)은 하나님께서 주신 정체성, 곧 하나님께서 우리를 '그리스도 안에서 어떤 사람이 되라고 부르셨는가' 하는 문제와 관계 있다. 직업은 잃어도 정체성은 잃지 않는다. 이는 기독교 공동체가 오늘날의 문화에 줄 수 있는 통찰력이다. 오늘의 문화는 하루 24시간, 일주일 내내 몸과 마음을 다 바칠 것을 요구하는 직업에서 정체성을 찾으라고 더욱 부추기기 때문이다. 그러나 우리의 직업보다 '우리가 누구인가'의 문제가 더 중요하다.

이러한 관점으로 일을 바라보는 것이 삶에서 갖는 일의 의미를 손상하지는 않는다. 베네딕트회 수도사들은 이것을 늘 알고 있었다. 그들은 육체노동을 강조하는데, 그들의 노동은 수도원에 필요한 것들을 자체적으로 공급하기 충분할 만큼 생산적이다. 그 덕에 수도사들은 인간의 존엄성을 기뻐하고 즐거워하는 동시에 다른 사람에게 자선을 베풀 수 있다.

창세기 1장 28절과 2장 15절에 의하면, 일은 타락한 인간의 저주받은 삶의 일부가 아니라 하나님께서 창조하신 인간의 드높은 지위(시 8:5-8 참고)에 없어서는 안 될 부분이다. 사실, 시시하고 하찮은 임무를 함께하는 행위는(내가 블루 클라우드 수도원을 초기에 몇 차례 방문했을 때 목격했던 수도사들의 행위와 같은) 공동체에 완벽하게 참여하기 위한 방법이다. 거기서는 토요일에 모든 수도사가 수도원을 청소하는 허드렛일을 함께 했다.

나는 프린스턴신학대학원에서 박사과정을 밟는 동안 근처의 장로교회가 소유한 주택에 세 들어 살았는데, 월세를 줄여보려고 그 교회에서 일했다. 고등부 청소년 프로그램을 감독했고, 매일 아침저녁으로 교회의 경보시스템을 켜고 껐다. 또 예배와 결혼식과 교회학교에 필요한 장치들을 설치하고 해체하는 작업을 도왔다. 그중에서도 가장 중요한 일은, 주일에 몰려들 사람들을 위해 일곱 개의 화장실을 청소하는 것이었다.

추측건대, 세 개의 석사학위가 있고 박사과정을 밟는 사람이라면 매주 토요일마다 화장실 일곱 개를 청소하는 일이 자신의 가치에 어울리지 않는다고 주춤거리면서 항의할 수도 있었을 것이다. 만약에 내가 예수님을 몰랐다면, 경영학 석사를 따고 회사에 갓 입사한 어떤 신입사원처럼 굴었을 것이다. 그는 고용주가 빗자루로 인도를 쓸라고 말하자 자기가 어떤 집안 출신인지를 언급했다. 신입사원의 말을 들은 고용주가 대답했다.

"그런 건 상관없어. 길을 어떻게 쓰는지 시범을 보여주지!"

이상하게도 나는 화장실을 청소할 때 고귀하고 기쁜 느낌이 들었다. 나는 '화단을 가꾸고 있지' 않았다. 육체노동을 하고 있었다. 그렇지만 그것은 다른 사람을 섬기는 노동이었다. 마틴 루터 킹(Martin Luther King Jr. 미국의 침례교 목사, 흑인 인권운동 지

도자, 1964년에 노벨평화상을 받았고 1968년에 암살당함) 목사가 "군
악대 행진 지휘자의 본능"(The Drum Major Instinct)이라는 설교
에서 일깨운 대로, 하나님나라에서는 모든 사람이 큰 사람이 될
수 있다. 왜냐하면 하나님나라에서는 '큰' 것이 종을 섬기는 이
에게 주어지는 영예이기 때문이다(막 10:43-45).

하찮은 일은 없다

이보다 더 의미심장한 것은, 영성을 중요하게 여기는 베네딕
트회 수도사들은 인생의 어떤 영역도 하나님의 임재(presence. 임
하여 계심)와 구별하여 다루기를 원하지 않는다는 것이다. 따라
서 우리가 그런 태도를 배우면 일을 수단으로 하나님을 더 깊이
알고 사랑할 수 있다.

삶의 일상적인 부분에서도 하나님의 임재를 놓치지 않으려는
이러한 관심사는 수도원 규칙에 나와 있는 창고관리인(cellarer.
수도원의 물질적인 것을 맡아보는 사람)의 자격 목록에서도 드러나
보인다. 베네딕트가 규칙서 제31장에 열거하는 수도원 창고관
리인의 특질은 제2장에서 규정한 수도원장의 특질과 놀랄 만큼
비슷하게 느껴진다.

창고관리인은 반드시 지혜롭고 행실이 성숙하며 차분해야 한
다. 또 하나님을 두려워하고, 공동체 전체에 아버지 같은 존재

가 되어야 한다. 그는 자신의 영혼을 지켜야 하며, 자신이 맡은 병자, 어린이, 손님, 가난한 이들을 책임져야 한다. 무엇보다 겸손해야 한다. 또한 수도원의 연장(tools)을 책임져야 하며, 성찬식에서 쓰는 성스러운 그릇들을 (그 그릇을 사용하는 사람들 못지않게) 세심히 다루어야 한다!

나는 부엌에서 가족을 위해 음식을 준비하다가 냄비나 국자를 거칠게 다루거나 참을성 없이 툭툭 던지고 싶은 유혹이 들 때, 베네딕트 규칙서 제31장을 떠올리곤 한다. 그러면 모든 것이, 심지어 주방 기구조차 하나님께서 그분의 백성을 구원하시는 은혜로운 도구에 속해있다는 사실을 깨닫는다.

끝으로 베네딕트는 '무슨 일을 하는가'는 '어떻게, 누구를 위해, 무슨 목적으로 그 일을 하는가'보다 중요하지 않다고 일깨운다. 어떤 일이든지, 아무리 시시하고 하찮더라도 큰 의미를 지닐 수 있다. 오늘날 우리는 금전적 보상을 받거나 유명 인사로 인정받는 것을 기준으로 일의 가치를 판단하는 문화(교회 울타리 안으로도 침범한 세속적 문화) 속에 살고 있다. 따라서 베네딕트의 말에 정말 신중하게 귀를 기울여야 한다.

어쩌면 장차 어린양의 혼인 잔치에 참석했을 때 제3세계의 어떤 목수나 알바니아의 한 허약한 수녀가 잔칫상 윗자리에서 예수님께 큰 상을 받는 반면, 이 땅에서 '부유하고 유명했던' 사람들은 문 앞 어두컴컴한 구석에 앉아 손뼉 치는 모습을 보고 깜짝 놀랄지도 모른다.

기도와 일을 주제로 논한 이번 장을 끝마치기 전, 최근 기독교계에 더욱 폭넓게 퍼지고 있는 고대 수도사들의 관례 한 가지를 간략하게라도 설명하지 않는다면 나는 게으르고 불성실한 저자일 것이다.[73]

렉시오 디비나(lectio divina) 혹은 '영적 독서'라는 관행은 수도사들의 일상으로, 베네딕트는 규칙서 제48장에서 전반적인 요점을 설명하고 있다. 수도사들은 특히 영적 독서를 하면서 공동체 기도를 준비한다. 영적 독서는 천천히 묵상하는 독서다. 예를 들어, 어떤 수도사가 신약성경의 서신서를 읽다가 주의를 사로잡는 특별한 구절이나 어구에 이르면 읽기를 멈추고 그 단락을 깊이 생각한다. 정신이 다른 데로 쏠려 산만해지기 전까지 그 단락을 계속 읽다가 그다음 또 다른 구절이나 어구에서 멈춘다.

오늘날의 수노사들은 렉시오 시간에 영적 가치를 지닌 자료라면 무엇이든 다 읽을지 모르지만, 베네딕트의 시대에는 그 시간이 성경 읽기와 관계있었다. 그리고 거기에는 암송이 포함되었다. 다른 이유도 있었지만, 당시에는 불빛이 어둡고 성경책도 많지 않아서 공동체의 성무일과 시간에 낭송하려면 시편을 외워야 했다.

분명히, 렉시오는 성경을 1년에 일독(一讀)하는 것과 같은 독서가 아니다. 성경 일독도 나름의 가치가 있지만 렉시오는 '양적인 읽기'가 아니라 테렌스 카르동(Terrence Kardong. 미국의 베네딕트회 수도사)이 설명한 대로 "속도를 늦추고 네 발로 엉금엉금 기면서 성경을 느릿느릿 읽어나가는 것"이다. 그래서 소비자로서가 아니라 기도하는 자로서 성경에 접근할 것을 요구한다.

더욱이 렉시오는 정보를 얻으려는 목적이 아니라 성장하고 발전할 목적으로 성경을 읽는 것이다. 아이린 노웰 수녀는 성경을 읽지만 기도하지도 않고 실천하지도 않으면, 요리책을 읽지만 실제로 요리하지 않거나 요리한 음식을 먹지 않는 것과 같다고 말한다.

다시 말해서, 렉시오는 성경에서 읽은 영적인 말씀들을 변화될 목적으로 묵상하는 것이다. 따라서 렉시오 시간에는 보통 입으로 읽고, 마음으로 읽으며, 암송하는 행위가 포함된다. 이런 방법들은 전인적(全人的)인 변화를 돕기 위한 수단이다(실제로, 성경 말씀에 더 집중하려고 성경을 외국어로 읽거나 어떤 단락을 직접 손으로 또박또박 적는 사람들도 있다).

장 레끌레르끄(Jean Leclercq. 프랑스 출신의 베네딕트회 영성신학자, 신부)는 묵상하면서 성경을 읽을 때 나타나는 결과에 관해 《The Love of Learning and the Desire for God》(배우기를 좋아하고 하나님을 바라기)이라는 책에서 설명한다. 그는 이러한 묵상을 통한 성경 읽기는 지식의 문을 향해 돌진하기보다는 말씀을 배워 변화되는 결과를 낳고, 기호와 욕구와 흥미와 태도와 성향을 바람직하게 키워나가게 한다고 말한다. 결론적으로, 렉시오는 세상을 마음에 그리는 방식과 거기에 반응하는 방식을 결정하는 연습이다.

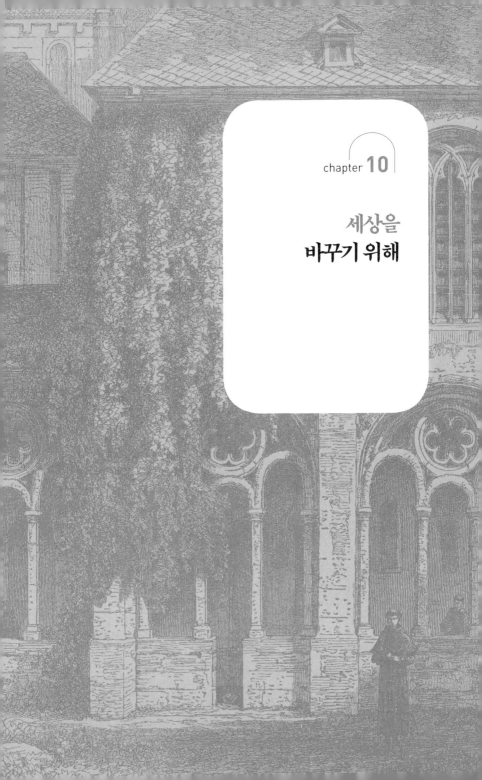

chapter 10

세상을
바꾸기 위해

나는 책 앞부분에서 수도생활이 '진짜 세상'과 전혀 무관하지는 않아도 거의 무관하다는 근거 없는 통념의 정체를 폭로했다. 그리고 지금 그것보다 더 대담한 주장을 해야 할 필요성을 느낀다. 수도생활은 진짜 세상의 표징이 될 수 있을 뿐만 아니라 타락한 세상을 구하는 하나님의 구속의 매개물이 될 수 있다.

수도원 영성은 '외국인 거주자'(resident aliens) 이미지와 매우 비슷하다(외국인 거주자라는 말은 스탠리 하우어워스[Stanley Hauerwas. 미국의 기독교 윤리학자]와 윌리엄 윌리몬[William Willimon. 미국의 신학자, 감리교 감독]의 어구를 빌린 것이다. 두 사람은 그 제목으로 책을 내기도 했다). 여기서 '거주'라는 단어와 '외국인'이라는 단어를 둘 다 충분히 강조해야 한다. 즉 베네딕트 수도회의 영성은 하나님께서 창조하신 우주에 거하며 하나님의 평안(shalom)을 전하는 증인, 곧 외국인으로 살아가는 것이다. 타락한 세상에 널리 퍼진 풍조와 전혀 다른 상태로 구별되는 그것이 바로 바벨

론에 포로로 잡혀간 유대인 공동체에게 하나님께서 명령하신 것이다.

> 만군의 여호와 이스라엘의 하나님께서 예루살렘에서 바벨론으로 사로잡혀 가게 한 모든 포로에게 이와 같이 말씀하시니라 너희는 집을 짓고 거기에 살며 텃밭을 만들고 그 열매를 먹으라 … 너희는 내가 사로잡혀 가게 한 그 성읍의 평안을 구하고 그를 위하여 여호와께 기도하라 이는 그 성읍이 평안함으로 너희도 평안할 것임이라 … 여호와의 말씀이니라 너희를 향한 나의 생각을 내가 아나니 평안이요 재앙이 아니니라 너희에게 미래와 희망을 주는 것이니라
>
> 렘 29:4,5,7,11

세상의 대안이 되는 복음 공동체

우리는 타락한 세상을 피할 수 없다. 그러나 하나님의 평안을 가장 효율적이고 변혁적인 방식으로 오늘의 세상 문화에 증언할 길이 있다. 바로 베네딕트가 세상의 한가운데에서 마음에 그렸던 공동체다. 위 예레미야서 29장 7절 말씀을 바꾸어 말하면 다음과 같다.

"수도원 공동체는 세상의 평안을 구해야 한다. 왜냐하면 세상이 평안할 때 하나님의 모든 백성도 평안할 것이기 때문이다"(주

의: 이는 현대의 몇몇 종교적 우파[25]들이 확고히 하려는 것처럼 기독교 왕국 안에서 평안하다는 의미가 아니다).

저스틴 맥캔(Justin McCann)은 베네딕트가 마음에 그렸던 공동체에 대해 매우 훌륭하게 설명한다.

"현대의 문명화된 세상은 베네딕트와 그의 후예들에게 적지 않은 빛을 지고 있다. 베네딕트가 이루려고 힘쓰며 살았던 이상과 그 이상을 현실로 이루었던 삶의 방식은 6세기와 마찬가지로 21세기에도 개인의 영혼뿐 아니라 인간사회 공동의 행복을 위한 가치 있는 이상과 삶의 방식으로 여전히 남아 있다."[74]

베네딕트가 수도사들에게 요구하는 영성은 그리스도인의 소명과 비슷하다. 바로 하나님께서 창조하신 세상에서 그리스도께 충성하며 살라는 것이다. 그 소명은 정해진 규칙을 따르지 않고 자기 뜻대로 하는 사라바이트처럼 살지 않는 것이다. 그런 수도사들은 행실로 세상에 계속 충성하기 때문이다.

"그들은 행동으로 여전히 세상에 충성한다. 따라서 그들이 삭발함으로써 하나님께 거짓말한다는 것이 명백하다"(베네딕트 규칙서 제1장 7절).

수도사 공동체와 베네딕트의 영성을 받아들이는 사람들의 공동체는 그 자체가 하나의 문화 혹은 '세상'이다. 이 세상은 곧

---

25) religious rights. 사회정치적 보수주의, 공립학교에서의 기도, 기독교 단체와 학교에 대한 연방정부의 지원을 주장하는 미국의 정치적 분파를 일컫는 말.

나사렛 예수의 이야기와 예배 및 성찬식(베네딕트회 수도사들이 매일 행하는) 같은 중심 요소들로 이루어진 공동생활(코에노비움)이다. 앞에서 언급했듯이 베네딕트는 그런 세상을 "주님을 섬기기위한 학교"(베네딕트 규칙서 서문 제45절)라고 부른다.

하나님께서 창조하신 세상에서 그리스도께 충성하는 자로 살아가는 이들은 "특별한 사람들"(peculiar people. 벧전 2:9. KJV. 역자 사역)이다. 그리고 이들이 이룬 공동체는 새로운 공동체, 세상과 독립된 공동체, 새로운 사회다(베드로전서 2장 9,10절은 또한 교회를 "거룩한 나라"라고 부른다. 이 나라야말로 "하나님 아래"[26]있는 나라, 우리가 충성을 다짐해야 하는 나라일 것이다). 이러한 그리스도인 집단은 복음을 세상에 증언하는 증인으로 존재한다.

"수도생활은 문화에 반(反)하여 모든 인간의 본질적 존엄성을 증언한다. 베네딕트는 인습적인 형태의 사회적 서열 매기기를 의도적으로 거부한다. 베네딕트의 사상에 표현된 이러한 특징은 수도생활이 오늘의 교회와 사회에 주는 매우 중요한 선물의 하나로 남아 있다."[75]

그러나 타락한 세상을 개조하거나 완전히 바꾸어놓으라는 소명을 받은 이런 수도생활은 (부정적인 느낌을 전달하는) 반문화

---

26) 1954년 미국연방의회는 '충성 선서'에서, "미국은 하나님 아래에 있는 국가다"(One Nation under God)라고 선언했다. 이에 따라 모든 학교에서는 매일 조례 시에 성조기를 향해 이 선서를 외쳤다.

(counter culture)라기보다는 오늘의 문화를 대신할 수 있는 대체 문화(alternative culture)다.[76] 그 소명은 바로 베네딕트가 규칙에서 제시한 삶을 살아가는 이들이 그 신실함을 통해 세상을 바꾸는 것이다. 즉 세속적인 세상이 원하는 방향이 아니라 하나님께서 역사를 어디로 이끌어가시는지를 이해할 때 채워지는 종말적 시각(희망이 있는 미래)과 이 시각을 따라 사는 사람들의 신실함을 통해서 세상을 바꾸는 것이다.[77]

이는 수도원이 세속적인 삶을 대신하는 대안적 형태의 삶을 살아가면서, 세상을 위해 복음을 해석해주는 "복음의 해석학"(hermeneutic of the gospel)[78]이 되어야 한다는 의미다(예레미야서 29장 4,5,7,11절을 다시 떠올리기 바란다). 이것이 바로 베네딕트가 원래 이루고자 했던 목표다. 앞서 지적했듯이, 그의 규칙은 단지 우리가 복음대로 살아갈 수 있게 복음을 다양한 지침으로 해석해놓은 가르침이기 때문이다.

삶으로 증언하는 복음

세계교회주의자(ecumenist)[27] 레슬리 뉴비긴(Lesslie Newbigin.

---

27) 교회가 세속주의, 휴머니즘, 공산주의, 전쟁 등과 맞서려면 국가와 교파를 초월하여 세계적 차원에서 결속하고 연합해야 한다고 주장하는 사람. 이런 사조와 운동을 통틀어 보통 '에큐메니칼'(ecumenical)이라고 한다.

1909-1998. 영국성공회 주교, 인도 선교사)은 실제 삶으로 복음을 해석하는 태도를 "증언의 언어"(the language of testimony)라고 했다. 예수 그리스도 안에 게시된 현재 진행형인 하나님의 구원 이야기는 복음이 진리라고 주장하는데, 증언의 언어는 바로 이 복음에 책임감 있게 반응하라고 도전한다.[79]

예를 들어, 베네딕트회의 표어인 '평화'를 생각해보면, 우리는 세상의 풍조대로 원수를 응징하기보다 그들을 위해 기도하고 축복해야 한다. 우리는 이것이 그들을 구원하는 데 더 효율적이라고 가르치는 복음을 따라 살아가도록 부름받았다. 다시 말해서 복음을 실제의 삶으로 해석한다는 말은, 우리 가족의 자동차 보험을 담당하는 보험사 직원이 우리에게 보였던 반응과 비슷한 반응을 끌어낼 수 있다는 의미다.

한번은 우리 아들이 길가에 주차된 자동차와 가벼운 접촉사고를 낸 뒤에 징직하게 그 자동차 수인을 찾아 사실을 알렸다. 그러자 이 말을 들은 보험사 직원은, '세상에는' 자기가 생각했던 것보다 더 많은 그리스도인이 있는 것 같다고 말했다. 내 아들의 행동은 세상에 널리 퍼진 풍조에 맞서는 증언이었다.

오늘날 교회가 세상 풍조에 너무 쉽게 끌려가기 때문에 수도사들은 오늘의 문화 속에서 우리를 안내할 때 '양보' 표지판보다는 '주의' 표지판의 역할을 할 필요가 있다. 사실상, 자크 엘륄 (Jacques Ellul. 프랑스의 사회학자, 신학자)이 언젠가 공산주의와 파시즘(fascists)에 경고했던 말은 현대인에게도 똑같이 적용될 것이다. 그들은 교회의 신앙을 자유민주주의나 자본주의에 끼워 맞추기를 원하고 정치적 파당이나 좌우익 이데올로기에 적용하고 싶어 한다.

그들은 우리 문명의 본질적인 토대를 받아들이기 때문에, 그리고 그 문명의 내적 발전 경로를 따라 움직이는 데 그치기 때문에 그 안에서 진정한 혁명을 일으킬 능력이 없다. 따라서 그들이 비록 이 세상을 바꾸어놓고 있다고 생각한다고 해도, 이 세상이 그들에게 제공하는 것들을 활용하기 때문에 그들은 세상의 노예가 된다. 공산주의와 파시즘이 옹호하는 모든 혁명은 피상적인 수정에 지나지 않으므로 우리 시대의 진짜 문제에 대해서는 아무것도 바꿔놓지 못한다. [80]

아르헨티나의 복음주의자 르네 파딜라(Rene Padilla)는 북아메리카 교회에 대해 논평하면서 이러한 엘륄의 비판에 공감했다. "북아메리카 교회는 사회를 바꾸어놓는 요인으로 활동하기는커녕, 사회의 모습을 그대로 비추는 또 다른 그림자가 되고 말았다. 또한 (더 나쁜 현상으로) 사회가 사람들을 황금만능주의적인 가치에 길들이기 위해 사용하는 또 다른 도구가 되어버렸다." [81]

수도사들은 장사꾼에게서 귀여운 수녀 인형을 사고, 찬양이 가득 들어있는 CD를 듣는다. 시끄럽게 선전하는 시리얼을 먹고, 옛날 정취를 풍기는 안부 카드를 사용한다. 그러나 수도사 공동체를 다스리는 지배적인 인생관은 우리 문화를 군림하는 몇 가지 가치에 의해 쉽게 부패하지 않으리라 믿는다.

스탠리 하우어워스와 윌리엄 윌리몬은 이렇게 설명한다.

"그리스도인들은 세상이 이제껏 보지 못한 무언가를 보았다고 주장하는데, 바로 그 무언가에서 기독교 윤리의 상당 부분이 발달하기 시작한다. 다른 말로, 기독교 윤리는 예수 그리스도가 주님이라는 진리를 생생하게 증언하는 사람들, 가족들, 무리들(여기에 우리는 베네딕트 수도 공동체를 덧붙이자)을 만들어내는 것에서 비롯된다."[82]

베네딕트회 수도사와 개신교 신자(특히 복음주의적 신념을 지닌) 모두 여기에 "아멘!"으로 답할 것이다.

새로운 공동체를 기다리며

우리의 상황에 대해 현대의 도덕 철학자 알래스데어 매킨타이어(Alasdair Macintyre)가 논평하는 말을 주목하면, 파딜라와 같은 일부 그리스도인의 우려 섞인 목소리를 대부분 들어볼 수 있다.

선한 의도를 지닌 남자와 여자들이 로마제국의 지배권을 떠받치는 일을 외면했을 때, 그리고 예절 바른 삶과 도덕적 공동체를 지속하는 것이 곧 로마제국의 지배권을 유지하는 것이라고 생각하지 않게 되었을 때 … 역사에 결정적 전환점이 생겼다. 그런 사람들이 로마제국의 지배권을 유지하는 대신에 이루려고 했던 목표는(자신들이 무엇을 하는 중인지 종종 제대로 알지 못한 상태로) 도덕적 삶을 지탱할 수 있는 새로운 형태의 공동체를 건설하고, 그 공동체 안에서 도덕적으로 예의 바르게 살면서 점차 다가오는 야만과 암흑의 시대를 이겨내는 것이었다.

… 당분간은 우리도 그런 전환점에 이르렀다고 결론지어야 한다. 지금의 단계에서는 예의 바르고 지적이고 도덕적인 삶을 유지하면서, 이미 우리 위에 드리워있는 새로운 암흑의 시대를 이겨낼 수 있는 지역적 형태의 공동체들을 건설하는 것이 중요하다. 그리고 그 미덕의 전통이 과거의 무서운 암흑시대를 이겨내고 살아남을 수 있었다면, 지금 우리에게 희망을 품을 근거가 전혀 없는 것도 아니다. 그러나 이 시대에는 야만인들이 국경 변두리 너머에서 기다리고 있지 않다. 그들이 이미 꽤 오래전부터 우리를 지배해오고 있다. 우리가 당하는 곤경의 상당 부분은 그런 사실을 의식하지 못하는 데서 비롯된다. 지금 우리는 고도(Godot)[28]를 기다리고 있

---

28) 사무엘 베케트(Samuel Beckett)의 희곡 〈고도를 기다리며〉(En Attendant Godot)에 나오는 실체가 없는 인물.

지 않다. 우리는 또 다른 누군가, 매우 다른 누군가를 기다리고
있다. 성 베네딕트. [83]

여기서 말하는 베네딕트가 바로 복종, 착실함, 균형 잡힌 생
활과 같은 미덕에 관하여 우리에게 지침을 준 그 베네딕트다.
1500년 전, 이 성자가 가톨릭과 개신교로 분열되지 않은 기독교
세계에 주었던 지침들을 우리는 다시 한번 귀 기울여 듣고 내 것
으로 받아들여야 할 것이다.

베네딕트회 수도사들은 "베네딕트에게 생기를 주었던 영으로
저희에게 생기를 주소서"라고 매일 기도한다. 그 영은 개신교 신
자와 가톨릭 신자, 동방정교회 신자에게 차별 없이 생기를 주시
는 예수 그리스도의 영(Spirit)이다. 베네딕트에게 호감을 품은
그리스도인은 신자에게 생기를 주는 유일한 그 영을 힘입어, 증
인이 나타나기를 질박하게 살망하는 이 세상에서 계속 증인의
사명을 감당해낼 것이다.

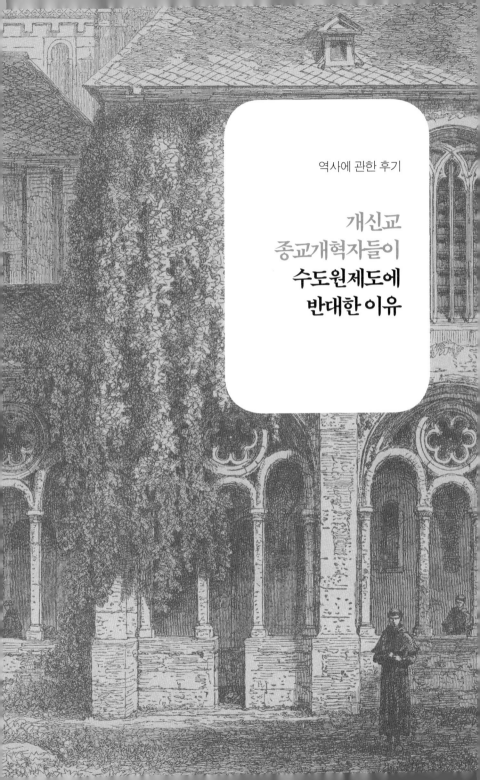

역사에 관한 후기

개신교
종교개혁자들이
수도원제도에
반대한 이유

─────── 개신교 신자들은 수도생활을 비교적 낯설어한다(미시간주 쓰리 리버스에 위치한 성공회 베네딕트회의 집과 복음 전도자 성 요한의 성공회 공동체와 같은 개신교 수도사 집단이 몇 군데 있지만). 그리고 그런 사실 때문에 양쪽 모두의 일반적인 본질에 관한 오해가 일어난다.

언젠가 디즈니랜드의 야간 퍼레이드를 보려고 길가에 자리를 잡다가 수도원(베네딕트회 수도원은 아니었다)을 지지하는 한 여성과 우연히 대화를 나누게 되었다. 나는 내가 베네딕트회 수도원의 봉헌자라고 밝혔다. 그녀는 나와 계속 이야기를 나누다가 내가 장로교 신자라는 사실을 알고는 깜짝 놀라면서 말했다.

"우리 가톨릭 신자들이 그렇게 관대한 줄은 미처 몰랐어요!"

다른 한편, 내가 아는 개신교 신자 중에는 가톨릭 신자들이 성모 마리아를 예배하고 미사를 행할 때마다 예수님을 다시 십자가에 못 박는다고 확신하는 이들이 있다. 양쪽이 서로를 더 잘 이해하려면 사실을 분명히 이해하려는 연구, 곧 가톨릭교회의 교리서를 꼼꼼하게 조사해보거나 16세기 교회사를 꼬치꼬치 파고들어 연구하는 태도가 때로는 유익하다. 그렇게 한다면, 최소한 장차 어린양의 큰 잔치에서 사람들과 유쾌한 대화를 나눌 준비를 더 잘 할 수 있을 것이다.

토마스 아퀴나스의 전통 안에 있는 사람(로마 가톨릭 신자를 포함하여)은 곧 밝힐 몇 가지 이유로 베네딕트 수도원제도의 기초를 이루는 존 카시안의 신학에 종종 의혹을 품어왔다. 게다가 개신교 종교개혁자들은 중세 후반 가톨릭교회의 수도원제도를 경멸했기 때문에 누군가가 개신교 신자에게 수도생활을 성공적으로 추천하려면 여러 난관을 극복해야 할 것이다.

카시안 신학의 오해

베네딕트의 사상 전반에는 카시안의 신학이 깔려있다(그래서 베네딕트는 규칙서 제73장 5절에서, 자신의 규칙을 읽는 이에게 카시안의 저작을 권한다). 그러나 일반적으로 카시안은 사람들이 '반(半) 펠라기우스주의'라고 주장한 그의 신학 때문에 서구세계에서 의심을 받았다. '반 펠라기우스주의'라는 말은 어거스틴의 제자 중한 사람이 카시안에게 퍼부은 비난이었다.

서구세세가 카시안의 신학을 '반 펠라기우스주의'라고 비난한 이유는 예를 들면 다음과 같다. 카시안은 그의 책《담화집》(Conferences) 제13권 8장 4절에 다음과 같이 기록했다.

"그분(하나님)께서는 우리 안에서 선한 의지가 나타나는 것을 알아차리실 때 즉각 그것에 빛을 비추시고, 북돋우시고, 그것에 박차를 가하여 구원에 이르게 하시며, 직접 우리 안에 심으신 것과 우리의 노력에서 비롯된 것을 크게 더하신다."[84]

이 대목을 읽으면 마치 카시안이 펠라기우스에게 동조하는 것처럼 보인다. 우리가 선천적으로 선한 의지를 갖고 있고, 하나님께서 그것에 은혜로 화답하시며, 인류의 첫 번째 부모의 죄로 인해 본질적으로 손상되지 않은 능력을 도우신다고 생각하는 것 같은 느낌이 든다.

그러나 오웬 채드윅(Owen Chadwick)[85]과 콜룸바 스튜어트[86] 같은, 카시안을 연구하는 학자들은 카시안이 펠라기우스와 어거스틴 양쪽 모두의 극단적 견해를 거부했다고 주장한다. 요컨대 카시안은 우리가 하나님의 은혜에 절대적으로 의존한다는 점과 선과 악을 선택하는 자신의 자유의지에 전적으로 책임을 져야 한다는 점을 동시에 강조했다. 카시안의 '농부의 비유'(카시안의 《담화집》 제13권 3장)가 이를 분명하게 보여준다.

농부가 수고하지 않으면 작물은 결코 자라지 못한다. 그러나 마찬가지로, 햇빛과 비가 충분하지 않으면 작물은 결코 자라지 못한다. 카시안은 형이상학적 사변이나 은혜와 자유의지라는 까다로운 교리 이론에 관심이 없었다(어거스틴은 펠라기우스와 벌인 논쟁에서 그런 부분들에 관심을 보였지만). 대신 카시안은 수도원의 전통을 이은 수도사의 생생한 체험에 관심을 가졌다. 그의 관심사는 실제적이고 도덕적 결과를 강조한 동방교회의 모습을 더 많이 드러냈다.

"그는 인간적인 요소들과 신적인 요소들이 오묘하게 서로 영향을 미치는 영적 성장 과정에 참여하는 사람으로서 책을 썼다."[87]

결과적으로, 카시안은 은혜와 자유의지를 대립시키지 않는다. 그는 은혜와 나태 혹은 은혜와 무기력을 대립시킨다.

카시안은 펠라기우스주의자가 아니었다. 인간이 구원받으려면 하나님 은혜의 내적인 역사가 무엇보다 필요하다는 점을 처음부터 끝까지 강조했기 때문이다. 이 금욕주의 신학자는 성가대석에 앉은 사람들에게 말씀을 전했고, 선한 행실과 은혜의 공존을 당연하게 여겼으며, 의지를 발휘하여 나태를 떨쳐내는 책임을 강조했다.

그는 영적 훈련을 전적으로 의지하면 구원받을 수 있다고 믿지 않았다(오직 자신의 노력만 가지고 한 해 농사가 성공할지 실패할지 판단하는 농부는 지혜로운 농부가 아닐 것이다). 또 영적으로 훈련하면 완전함에 이를 수 있다거나, 하나님께서 우리가 규율 잡힌 생활로 얻은 우수한 점수에 기초하여 그에 대한 보상으로 은혜를 나눠주신다고 믿지 않았다. 대신 그는 올바른 태도로 제공된 수도원 방식으로 훈련하면, 우리 인간의 불완전한 노력을 완전하게 하는 데 필요한 은혜를 베푸실 기회를 하나님께 드릴 수 있다고 믿었다.

동시에 카시안은 예정과 불가항력적 은혜[29]에 관한 확신이 미

___

[29] 예정(predestination)은 하나님께서 구원받을 사람과 멸망할 사람을 세상을 창조하시기 전에 미리 정하셨다는 교리고, 불가항력적 은혜(irresistible grace)는 하나님께서 주권적으로 결정하여 어떤 사람에게 구원의 은혜를 베푸실 때 그는 절대 저항하지 못한다는 교리다.

적지근하거나 건성건성 하는 태도를 부추길 수도 있다고 우려 했다는 점에서 '어거스틴주의자'도 아니었다.[30] 카시안은 어거스 틴과 달리, 인간이 타락했을 때 선을 행하지 못하는 무능한 상 태로 떨어지지는 않았지만, 선을 행하려는 의지가 약해졌기 때 문에 죄를 좋아하는 타고난 성향과 인간을 끌어당기는 영적인 의욕들 사이의 긴장이 늘 있다고 믿었다.[88]

카시안은 언뜻 보기에 예측할 수 없을 것 같은 하나님의 은혜 와 인간의 자유의지의 이런 상호작용을 성경 자체에서 볼 수 있 다고 믿었다. 그러나 그가 하나님의 은혜와 인간의 자유의지를 단순히 나란히 놓을 뿐 그 이상으로 깊이 논하지 않기 때문에 서구세계 몇몇 사람들의 눈에는 일관성이 없는 듯 보인다. 또한 펠라기우스주의라는 비난을 피하지 못하는 것처럼 보인다.

결과적으로, 카시안은 서구세계에서 성인의 지위를 인정받지 못했지만, 동방교회에서는 성인으로 존경받았다(동방교회에서는 4년마다 돌아오는 윤년 2월 29일에 그를 기념하여 축제를 열었다). 아무 래도 개신교 종교개혁자들이 지금까지 우리가 논한 미묘한 교리 적 의미를 제대로 이해하지 못했기 때문에 다소 거칠게 수도원제 도를 거부하지 않았나 싶다.

---

30) 하나님의 예정과 인간 자유의지의 긴장 관계에서 어거스틴은 하나님의 절 대적 주권과 은혜와 예정을 강조한 반면, 카시안은 그런 점들을 인정하면서도 인간의 책임성 있는 반응을 강조했다.

마이클 케이시는 베네딕트가 그의 규칙에서 은혜의 중요성을 대단히 높게 평가한다는 사실에 대해 논하면서, 이것이 카시안에게 쏟아진 비난으로부터 자기를 방어하려는 노력에서 비롯되었을 것으로 추측한다. 케이시는 카시안의 신학을 오해하는 실수를 저지르지 말라고 우리에게 경고하는 듯하다.

수도사의 삶은 노력을 요구한다. 따라서 수도생활에 관한 책을 쓰는 저자들이 경건의 성장에서 인간이 이바지하는 부분을 지나치게 강조하는 것처럼 보일 때도 있다. 그들의 저작 중의 다수는 바람직하게 사는 법을 선택하도록 의지를 북돋는 것에 초점을 둔다. 그들은 하나님의 은혜는 당연한 요소로 여긴다. 또한 그들은 인간이 올바르게 효율적으로 결정하는 능력을 지니는 데 하나님의 격려와 지원이 필요하다고 생각하는 것처럼 보인다. 수도생활에 관한 책에는 도덕적 권면이 많지만, 그런 권면들은 하나님의 영감과 은혜의 활동과 무관하게 읽도록 의도된 것이 아니었다. 우리는 베네딕트 규칙서 같은 책들을 읽을 때 그런 책들이 은혜의 신학을 포함하고 있다는 점을 계속 떠올려야 한다. [89]

수도원제도에 관한 의견들

물론 개신교 종교개혁자들의 시대는 베네딕트의 수도원들이 거의 1천 년에 걸친 변화를 겪은 때였고, 그 과정에서 각기 독특한 특징을 지닌 다른 수도원 운동들과 결합한 때였다. 그런데 중세 후반 '종교개혁 이전' 교회의 신학자들 사이에서조차 수도원제도에 관한 일치된 의견이 없었다는 점은 놀랄 일이 아니다(사실, 수도원제도에 대한 비판은 고대 시대의 교회로까지 거슬러 올라간다).

토마스 아퀴나스 같은 사람들은 수도사들이 서약을 토대로 행한 일들은 칭찬할 만한 가치가 있다고 주장했다. 반면에 고흐의 존 퍼퍼(John Pupper of Goch) 같은 사람들은 개신교 종교개혁자들의 논증을 기대하면서 경건한 삶에 관한 토마스 아퀴나스의 견해를 매우 심하게 비판했다. 그는 청빈과 복종과 정결을 서약하는 삶이 그리스도인의 자유와 조화되지 않으며, 수도사들과 같은 서약의 삶에 대한 정당한 근거가 신약성경에 없다고 주장했다. 또한 그러한 서약으로 공적이 늘어나는 것이 아니라고 말했다.[90]

수도원제도에 관한 이러한 다양한 의견, 당시 사회에서 수도원이 차지한 중요성, 수도원에 대한 평민들의 의식과 같은 배경을 보면, 울리히 츠빙글리와 마르틴 루터, 존 칼빈을 비롯해 16세기 수도원제도에 반발한 다른 개신교 신자들의 심기를 불편하게 건드렸던 부분들을 간략히 들여다볼 수 있다.[91]

단순한 인습 타파 운동을 제외하고 보면, 개신교 종교개혁자들이 수도원제도를 곱게 바라보지 않은 이유를 크게 세 가지로 나누어 볼 수 있다.

첫째, 종교개혁자들은 수도원제도가 본질적으로 교회를 분열시키고 그리스도인의 헌신과 생활방식에 관한 2단(二段) 체계를 세운다고 비판했다. 당시 수도원제도는 모든 그리스도인이 영원한 생명을 열망하는 자로 살아야 한다는 가르침과 그리스도인을 온전함으로 이끌어줄 '완전한 덕행의 권고'(청빈과 독신을 서약하는 것과 같은 행위)를 서로 구별했기 때문이다.

둘째, 종교개혁자들은 수도사들의 서약에 반대할 이유가 많았는데, 그중에서도 칭의(justification)의 근거에 대한 우려와 관련된 이유가 가장 중요했다.

셋째, 종교개혁자들은 수도사들이 '게으른' 경향이 있다고 불평했다. 요컨대 서약하고 헌신하는 수도사들의 삶이 본질적으로 그리스도인의 사역 의무를 완수하지 못하게 방해한다고 비판했다(게으름을 물리치려는 카시안의 관심을 고려해보면 모순적인 비난이 아닐 수 없다).

칼빈이 수도원제도에 반대한 주된 이유는, 수도원에 교회를 분열시키는 본질적인 특성이 있다고 여겼기 때문이다. 수도사들의 서약을 '둘째 세례'로 이해한 칼빈은 수도원제도가 성경의 지지를 받지 못하며, 수도사들을 그리스도의 몸인 교회에서 따로 분리하는 '이중의 기독교'를 세운다고 반대 주장을 펼쳤다. 데이비드 스타인메츠(David Steinmetz)는 이렇게 주장한다.

"수도원제도의 다른 어떤 잘못이 칼빈의 눈에 들어왔더라도,

그는 그 오류 하나만으로도 수도원제도를 비난하기 충분했을 것이다."[92]

츠빙글리와 루터와 칼빈은 수도사들을 위한 '완전한 덕행의 권고'(예수께서 산상설교에서 주신 지침과 같은)가 결국에는 불완전한 상태와 이류의 지위에 만족해야 하는 다른 모든 그리스도인을 위한 '가르침'(십계명과 같은)과 구별하는 태도이며, 이는 단순히 교회를 분열시킬 뿐 아니라 성경을 잘못 이해한 것이라는 데 의견을 모았다. 그들은 어떤 사람이 세례를 받을 때 서약한 내용이 하나님께서 모든 제자에게 기대하시는 것이라고 주장했다. 사실, 츠빙글리는 하나님께서 이미 명령하신 말씀을 행하겠다고 서약하는 행동이 실제로 불순종이라고 주장했다.

"그런데 대체 그들은 왜 계명을 지키겠다고 서약할까? 순종하겠다고 서약하면, 하나님의 명령에 순종하면서 하나님의 계명을 지킬 때보다 더 잘 지킬 수 있다는 말인가? … 마음이 가난하지 않으면 이미 그리스도인의 마음이 아닌데 청빈을 서약한다는 게 무슨 소용인가? … 따라서 우리는 계명(마 5:3)을 따라 전적으로 청빈해야 하며, 청빈하지 않은 이들은 계명에 순종하지 못하는 이들이다."[93]

츠빙글리의 요점은, 예수님의 산상설교는 수도사들을 위한 일련의 선택적 '권고'가 아니라 모든 그리스도인을 위한 계명이라는 것이다.

루터가 수도원제도를 비판한 이유

그러나 오늘의 베네딕트회 수도사들은 하나님께서 신자에게 기대하시는 것을 이렇게 구분하는 것과 그리스도인의 지위를 이런 식으로 나누는 카스트제도를 크게 우려하면서 탄식할 것이다. 사실, 그들이야말로 자신들이 세속적인 영역에서 매일 살아가는 많은 그리스도인보다 영적으로 뒤떨어진다는 사실을 가장 먼저 인정할 것이다.

만약에 루터가 오늘의 베네딕트회 수도사들과 함께 생활해보았다면, 수도원제도를 비판하는 점과 관련해서 좀 더 신중하지 않았을까 생각해본다. 언젠가 그는 수도원제도를 다음과 같은 특유의 어조로 맹렬하게 비난했다.

"수도사가 되는 것은 (이적으로 구원받지 않는 한) 믿음을 배신하는 자가 되는 것이며, 그리스도를 부인하는 것이며, 유대인이 되는 것이다. 이는 베드로가 예언한 대로, 이교도의 토한 것을 다시 먹는 것이다."[94]

루터는 이렇게 말한 뒤 얼마 지나지 않아 전보다 더 격렬하게 수도원을 비판했다. 그는, 믿음에서 떨어져 나온 수도사들의 서약은 "경건하지 않고, 이교도적이고, 예수님을 영접하지 않은 유대인 같으며, 신성을 모독하고, 거짓말하는 것이며, 그릇되고, 사탄적이다. 또한 위선적이고, 믿음을 배신하는 것이며, 심지어 성자들이 보인 본과 정반대다"[95]라는 뜻을 내비쳤다.

루터의 심기를 가장 크게 건드린 부분은 바로 수도사들의 서약이었다. 칼빈이 수도원제도와 관련하여 가장 먼저 우려한 부분이 교회의 분열이었다면, 루터가 주로 우려한 부분은 많은 이들이 맹세하지만 지키는 이는 거의 없는 수도사들의 서약이었다. 그러나 루터가 서약을 우려한 까닭은 수도사들이 서약을 지키지 않는다고 생각했기 때문이 아니라, 기본적으로 서약이라는 개념 자체가 루터의 구원론의 핵심과 정면으로 충돌했기 때문이다.

"왜냐하면 그들이 행위로 하나님께 의롭다 인정받고 구원에 이른다고 가르치면서 믿음을 떠나기 때문이다. 그들은 자신들의 청빈, 정결, 복종이 구원으로 가는 확실한 길이라고 생각한다. 또 그뿐 아니라 그런 길이 그들을 제외한 나머지 신실한 성도들이 가는 길보다 더 완벽하고 좋다고 생각한다. 이는 노골적이고도 명백한 거짓말이며, 잘못이며, 믿음에 맞서는 죄다. 위선과 죄의 낙인이 찍힌 양심이 그들이 가진 전부다."[96]

루터는 수도사들의 서약이 율법의 행위로 하나님께 의롭다고 인정받는다는 뜻을 풍기기 때문에 그리스도를 통한 구원을 부정한다고 생각했다. 루터는 이렇게 기록했다.

"어떤 인간도 자신의 행위를 의지해서 생명을 얻지 못할 것이다. 마찬가지로, 어떤 인간도 자신의 서약을 의지해서 생명을 얻지 못할 것이다."[97]

루터가 전에 어거스틴 수도회의 회원이었을 때 헌신했던 제도에 이렇게 맹렬하게 반발했다는 사실은 놀랄 일이 아니다. 왜냐하면 루터가 수도사들처럼 서약하고 지키는 행위가 믿음과 전혀 무관하다고 생각했을 뿐 아니라 수도사들이 '일종의 율법' 같은 행위를 통해 구원받고, 하나님의 은혜를 얻고, 자신의 죄를 씻으려고 힘쓴다고 보았기 때문이다.[98] 수도사들의 서약은 종교개혁자들이 칭의에 대해 이해한 핵심 내용과 정면으로 충돌했다.

그 결과, 루터는 믿음을 떠난 수도사들의 서약이 하나님 보시기에 용납할 수 없고 무가치하다고 믿었다. 그래서 청빈과 복종과 정결을 서약하는 의무를 모든 수도사에게 면제해주어야 한다고 생각했다. 사실 루터는, 하나님께서 율법을 어기는 이들에게도 많은 자비를 베푸시듯이 우리가 부모에게 순종하고 이웃을 사랑하겠다는 서약을 제외한 다른 어떤 서약을 깨도 하나님께서 자비를 베푸실 것이라고 주장했다. 특히 독신 서약의 경우에는 결혼하려고 서약을 깨는 행위가 하나님의 율법을 거슬러 더 나쁜 죄를 짓는 사태를 피하기 위한 것이므로 더욱 그렇다고 주장했다.[99] 루터가 표현한 대로, "사랑에 대립하는 그 무엇도, 사랑 이상의 그 무엇도, 인간을 구속할 수 없거나 구속하지 않는다."[100]

수도사들의 서약 문제

오늘의 베네딕트회 수도사들은 서약을 진지하게 받아들인다. 그러나 자신들의 신앙고백을 세상에서 살아가는 그리스도인들의 고백보다 더 높게 평가하지는 않을 것이다. 또한 정욕이 "불같이 타는 것"(고전 7:9)보다 차라리 결혼하려고 서약을 깨는 수도사를 하나님께서 용서하신다는 루터의 신념에 공감할 것이다.

나는 독신 서약을 깨고 결혼한 수도사들을 알고 있다. 새뮤얼 존슨(Samuel Johnson, 1709-1784, 영국의 문학가, 시인, 평론가)이 유아세례를 믿느냐는 질문을 받았을 때, "믿느냐고요? 유아세례를 베푸는 장면을 직접 본 적이 있어요!"라고 간단하게 대답했듯이, 나도 그런 수도사들을 직접 보았다. 특별히 블루 클라우드 수도원 출신의 한 수도사가 기억난다. 그는 수도원에서 몇 해 동안 수도생활을 하다가 근처 마을의 어떤 여인과 결혼했다. 그 결혼은 어떤 의미로도 가볍게 내린 결정이 아니었다. 또 하나님의 은혜 없이 내린 결정도 아니었다.

개신교 종교개혁자들이 수도사들의 서약을 경멸한 데는 다른 이유도 있었다. 루터와 칼빈은 수도사들의 서약이 그리스도인의 자유와 모순된다고 믿었다. 루터는 그리스도인이 모든 것을 자유롭게 하려면 모든 것으로부터 자유로워야 한다고 강력히 주장했다.

칼빈은 이에 대해 다음과 같이 간단명료하게 설명했다.

한마디로 말하면 이렇다. 하나님께서는 우리를 만물의 주인으로 만드셨고, 우리가 그 모든 것들을 유익하게 사용하도록 우리의 지배 아래 두셨다. 그러므로 만약에 우리가 (유익하게 사용해야 할) 외적인 것에 굴복하여 그것의 노예로 산다면, 그런 삶이 하나님께서 받아주실 만한 섬김이라고 기대할 수 없다. 내가 이런 이야기를 하는 까닭은 이것이다. 하나님께서 선한 이유로 많은 계율로부터 우리를 자유롭게 풀어주고 면제해주려 하셨지만, 어떤 사람들은 많은 계율을 지키면서 스스로 올가미를 씌우는 삶을 통해 겸손하다는 칭찬을 받으려고 애쓰기 때문이다.[101]

물론 개신교 신자들, 특히 근본주의적 성향을 지닌 개신교 신자들은 위와 같은 칼빈의 충고가 자신들에게 전혀 해당하지 않는다고 말하지는 못할 것이다.

언젠가 니는 술과 춤을 일주일 내내, 1년 열두 달 금지한 어떤 개신교 대학에서 교수 생활을 했을 때 베네딕트회의 총회에서 열린 축하연에 참석했다. 식탁마다 포도주병이 즐비한 연회였다. 내 옆에 앉은 한 수녀가 포도주를 한잔하겠느냐고 물었다. 나는 마시고 싶지만 그럴 수가 없다고 솔직하게 대답할 수밖에 없었다. 그 수녀는 얼떨떨한 표정으로 나를 바라보았고 나는 설명하려고 애썼다.

"저는 대학에서 학생들을 가르치는데, 거기서 술 마시기를 삼가겠다는 서약 비슷한 걸 했어요."

그런 다음 이 말을 덧붙이지 않을 수 없었다.

"저는 수녀님이 포기한 것보다 제가 포기한 것을 포기하는 게 더 좋아요."

당연히 그 수녀는 연회에서 나에게 많은 말을 하지 않았다. 나는 냉대를 받을 만했다.

우리 개신교 신자들이 이렇게 계율과 규칙에 얽매여 살고 있음에도 불구하고, 칼빈의 요점은 진실하게 들린다.

"만약에 우리가 (유익하게 사용해야 할) 외적인 것에 굴복하여 그것의 노예로 산다면, 그런 삶이 하나님께서 받아주실 만한 섬김이라고 기대할 수 없다."

정말로, 어떤 영국에서 온 복음주의 신자는(영국의 복음주의 신자들에게 하나님의 축복이 깃들기를!) 음주에 관한 그 대학의 규칙에 대해 알고는 소스라치게 놀랐다. 그리고 자기가 왜 그렇게 놀랐는지에 대해 이유를 설명했을 때 나도 똑같이 깜짝 놀랐다. 그가 "저는 주 예수 그리스도의 제자로 사는 것이 제일 중요한 문제라고 보거든요"라고 말했기 때문이다. 그 사람은 분명 칼빈의 《기독교강요》를 읽어보았을 것이다.

정결과 독신 개념

개신교 종교개혁자들은 수도사들의 독신 서약(내가 연회에서 만났던 그 수녀는 서약했지만 나는 서약하지 않은!)이 인간의 본성에 어긋난다고 생각해서 특히 우려했다. 일례로 츠빙글리는 절제가 하나님의 선물이므로 서약할 능력이 없는 사항을 서약하면 안 된다고 주장했다. 츠빙글리는 고린도전서 7장에 근거하여 논하면서, 불같이 타는 정욕을 해결하는 것을 개인에게 맡겼다. 그러나 "비너스라는 말만 들어도 마음에 현기증이 나거든" 독신으로 살려고 애쓰지 않는 것이 최선이라고 주장했다.[102]

칼빈도 이에 동의했다. "하나님께서 은사로 정해주시는 분량"을 따라서만 독신 서약을 해야 하며, 그렇지 않으면 하나님께서 주신 본성을 거슬러 "싸우게" 되고, 결혼의 품위를 떨어뜨리며, 지나친 자신감으로 하나님의 은사들을 업신여기면서 오만하게 행동하게 된다고 지적했다.[103]

루터는 그림을 보여주는 것 같은 특유의 어조로 다음과 같이 요점을 밝혔다.

"당신에게 간청한다. 어떤 미친 사람이 하나님께 이렇게 서약했다고 상상해보라. '오, 주여! 제가 새로운 별을 만들거나 산을 움직이겠습니다!' 이런 서약에 대해 어떻게 생각하는가? 그러나 수도사들의 정결 서약도 이런 서약과 조금도 다르지 않다. 왜냐하면 별을 만들고 산을 움직이는 것이 하나님의 경이로운 일이듯 인간을 정결하게 하는 것도 하나님의 경이로운 일이기 때문이다."[104]

루터는 정결 개념과 독신 개념을 서로 섞어 사용하는 경향을 보였다. 그리고 정말로, 결혼하지 않은 그리스도인에게는 그 두 가지 개념이 밀접하게 관련된다. 그렇다면, 스튜어트가 카시안의 신학의 주요 특징이 정결 개념이라고 주장하는 점은 의미심장하다. 왜냐하면 정결이 한 인간 전체(신체와 정신을 포함하여)와 관련된 정욕을 계속 평온하게 가라앉힌 상태이며, 따라서 인간의 의지가 도달할 수 있는 범위를 넘어서기 때문이다. 정결은 사랑 위에 진실하게 세워진 인간관계, 이기적인 욕구나 타인을 조종하려는 자만심과 대립되는 인간관계의 기초다. 그리고 스튜어트는 다음과 같이 분명히 밝힌다.

"하나님의 은사를 받은 사람만 독신으로 살아야 한다고 주장한 종교개혁자들의 말은 옳지만, 카시안은 그와 더불어 정결함도 오직 하나님의 은사로만 가능하다고 주장할 것이다"(카시안의《담화집》제13권 4장 6절을 참고하라).

스튜어트는 이에 대해 아주 훌륭하게 설명했다.

"순전히 인간적인 결심이 성적 욕구와 싸워 그것을 일시적으로 멈출지 모르지만, 하나님의 은혜로 일어나는 내적 정화는 결코 낳지 못할 것이다."[105]

다르게 말해서, 인간이 하나님의 은혜에 절대적으로 의존한다는 중심적인 사실과 관련해 카시안은 어거스틴과 동일한 입장을 보였다. 그러나 카시안의 은혜 신학은 금욕적인 노력(영적 훈련들)을 진지하게 받아들였고 그런 훈련만 전적으로 의지하는 그릇된 극단을 피했다.

사실 우리는 금욕적인 훈련(인간의 단순한 의지력)에 한계가 있다는 사실을 체험할 때, 비로소 인간적인 노력으로는 정결함을 이루지 못하고 궁극적으로 하나님의 은혜로만 이룰 수 있다는 진리를 깨닫게 된다. 그래서 카시안은 그의 《담화집》에 '몽설' 혹은 '몽정'에 관한 장을 넣었다(빅토리아 시대에 나온 카시안의 작품 번역서 《Nicene and Post-Nicene Fathers》[니케아 종교회의 시대와 니케아 종교회의 시대 이후의 교부들]에는 몽정에 관하여 다룬 장 혹은 정결에 관하여 다룬 장이 포함되어 있지 않다. 21세기에 들어와서야 베네딕트회 수도사들이 그런 내용을 영어로 옮겼다).

카시안이 말하려는 핵심은 이것이다. 어떤 사람이 깨어있을 때는 정결한 생각을 유지할 수 있을지 모르지만, 밤중에 자는 동안에는 생각을 지켜낼 수가 없고 오직 하나님의 은혜로만 우리의 꿈까지 정결해질 수 있다. 이 단락에서 내가 말하려는 요점은, 콜룸바 스튜어트 같은 오늘날의 베네딕트회 수도사들은 하나님께서 선물로 주시는 은사로만 서약할 수 있고 서약한 대로 지킬 수 있다는 주장을 놓고 종교개혁자들과 기꺼이 논쟁할 것이라는 점이다.

올바른 서약을 위한 조건

개신교 종교개혁자들은 종종 수도사들을 위선자라고 비난하고 미덕을 서약한 수도사들이 정반대의 악덕을 키운다고 비판했다(수도원 역사의 어떤 시점에서는 타당했던 비난이다). 그러나 특정한 상황에서는 서약이 유익하다는 점을 인정했다.

루터는 하나님께 의롭다고 인정받기 위한 수단으로 서약을 이용하는 경우가 아니라면, 또 그런 서약에 영구적으로 얽매이지 않는다면 서약을 할 수 있다고 생각했다. 그런 서약이 그리스도께서 명하신 말씀에 어긋나거나 말씀을 넘어가지 않고, 이웃을 더 잘 섬기고 하나님 말씀을 더 잘 묵상하기 위해 육신을 단련하는 수단으로 하는 것이라면 말이다. 어떤 사람이 '공적을 쌓겠다거나 하나님께 의로움을 인정받겠다는 생각 없이', 농사를 짓고 장사하는 것과 똑같이 서약을 해도 좋을 것이다. [106]

루터는 로마서 14장 2,3절 말씀과 고린도전서 7장 18,19절 말씀을 검토하면서 자신의 입장을 멋지게 요약한다.

만약에 당신이 종교적으로 살겠다고 서약하고, 비슷한 생각을 하는 사람들과 함께 수도생활을 하면서 하나님과의 관계에서 당신에게 유리한 어떤 것도 구하지 않겠다는 깨끗한 양심을 갖고 살아간다면, 그리고 처지와 형편상 어쩔 수 없이 수도생활 같은 삶을 받아들였거나 수도생활이 최선의 생활방식으로 보였기 때문에 받아들였더라도 수도생활을 하면 결혼하는 사람이나 농사짓는 사람보다 훨씬 더 나은 사람이 될 수 있다고 생각하지 않는다면, 이런 경우 그 서약이 타당한 내용인 한 서약한다고 그릇된 것도 아니며 서약한 대로 살아간다고 그릇된 것도 아니다. 그러나 사랑이 그 서약을 깨라고 요구하는데도 그 서약에 계속 붙잡혀있어야 한다면 죄를 짓게 될 것이다.[107]

칼빈도 적절한 서약을 하기 위한 이런 조건과 관련해 루터와 똑같은 의견을 내놓았다. 칼빈은 더 구체적으로 들어가 어떤 사람이 감사나 회개를 나타낼 의도로 수도사의 서약을 하거나 사람들에게 어떤 관심사나 의무를 일깨워주는 노력을 표현하려는 의도로 수도사의 서약을 해도 좋지만, 어떤 경우든지 그런 서약은 하나님께 인정받아야 한다고 주장했다. 즉 서약하는 사람의 소명과 일치해야 하며, 하나님께서 신자들 각자에게 주시는 은혜의 범위를 벗어나지 않아야 한다는 것이다.[108]

개신교 종교개혁자들은 서약과 교회를 분열시키는 수도사들의 2단(二段) 기독교 체계에 대해 이렇게 반대하는 주장을 펼쳤을 뿐 아니라, 수도사들을 "게으르다"라고 비난했다. 즉 개신교 종교개혁자들은 수도사들이 하나님께 약속하기 때문에 오히려 세상에서 감당해야 할 그리스도인의 책임과 사역을 완수하지 못한다고 생각했다.

칼빈은 중세 후반, 수도원에서 지내는 수도사들의 성직 임명 방식에 좋은 인상을 받지 않았다. 칼빈은 어떤 수도사들은 말씀을 전하고 성례전을 위해 봉사하는 직무를 임명받는 한편 어떤 수도사들은 세상에서 물러나 조용히 묵상하면서 기도하는 직무를 임명받는데, 그 두 가지 직무가 서로 배타적이라 조화를 이루지 못한다고 주장했다. 결국 칼빈은 전자의 소명과 예수님 말씀에 순종하여 사회 속에서 사람들을 사랑하면서 섬기는 직무가 후자의 소명보다 더 높다고 보았다.[109]

칼빈은 수도사들이 행한 서약에 관해서도 마찬가지로 생각했다. 예를 들어, 그리스도를 따르려고 재산을 포기하는 것이 아름다운 행위임을 인정했지만, 주님을 경외하는 마음으로 가정을 다스리는 것이 한층 더 사랑스러운 행위라고 생각했다. 칼빈은 이렇게 말하면서 부유한 젊은 관원의 이야기를 고린도전서 13장의 맥락에서 읽어야 한다고 주장했다.

모든 소유를 버리고 땅에서 염려할 것을 갖지 않고 지내는 삶은 아름답다. 그러나 하나님께서는 모든 탐욕과 야심과 육체의 다른 정욕으로부터 자유롭게 벗어난, 경건한 한 가장이 가정을 잘 다스리려고 관심을 쏟을 때 더 좋게 여기신다. 그 사람은 소명을 분명하게 의식하면서 하나님을 섬기기 위한 목적을 계속 자기 앞에 놓는다. … 우리는 그리스도를 섬기려고 모든 재산을 팔았다는 것을 공개적으로 말하는 행위에 악한 것이 조금도 없다고 인정하지만, 그런 행위가 교회에 무익하고 위험한 선례를 남겼다는 점은 결코 가볍게 보아 넘길 악이 아니다.[110]

츠빙글리의 생각도 같았다. 츠빙글리는 수도사들이 단지 그냥 청빈한 척한다고 고발했을 뿐 아니라, 스스로 부유하다고 인정한 그런 수도사들이 세금을 내지 않기 때문에 사회의 부에 대한 걱정을 나누지도 않고 정부의 부담을 나눠맡지 않는다고 비난했다. 또한 츠빙글리는 독신 서약에 대해서도 칼빈과 비슷하게 비난했다. 그는 수도사들의 독신 서약이 결혼과 가정을 모욕하고, 국가에 이바지할 시민들의 숫자를 부족하게 하며, 부모는 자녀를 낳고 키워야 한다는 하나님의 명령을 무시한다며 반론을 펼쳤다.[111]

현대 수도사들에 대한 평가

이와 동일한 비판들이 오늘날에도 들린다. 사실, 현대의 시토 수도회 수도사 중 한 명이 작성한 다음과 같은 비슷한 불평을 읽고 나면 당신은 깜짝 놀랄지 모른다. 마이클 케이시는 이렇게 기록한다.

수도사와 수녀들이 마태복음에 기록된 최후의 심판 장면을 읽을 때 어떤 불안함도 느끼지 못한다는 사실에 대해 수도사와 수녀들은 스스로 깊이 반성해야 한다. 복음적으로 살고자 힘쓴다고 공개적으로 밝히는 우리 수도사와 수녀들이 그리스도께서 장차 그리스도인들을 평가하실 때 기준으로 삼으실 바로 그 행동들을 평소의 생활방식에서 다 몰아내다니 이게 무슨 일인가? 우리 수도사와 수녀들 대부분은 개인적으로 배고픈 이들을 먹이거나, 벌거벗은 이들을 입히거나, 감옥을 방문하는 일에 관여하지 않는다. 엄청나게 태만한 이런 삶을 무슨 수로 합리화할까? 수도원에 머물러 지내고, 침묵하고, 계율을 지키는 삶은, 그리스도의 가르침을 실제로 행하는 삶을 대신하지 못한다. 어쩌면 당신은 수도사들이 자신의 애매모호한 삶의 방식 때문에 때로 조금 불안정한 품위를 지니고 있다고 생각할지 모른다.[112]

공정하게 말해서, 케이시가 필요 이상으로 지나치게 열을 내면서 오늘의 수도원을 비판하지 않았나 싶다(그가 베네딕트 수도회의 전통에서 갈라져 나온 더 엄격한 시토 수도회의 회원으로서 위와 같은 말을 하고 있다는 점을 참고해서 생각한다 해도 말이다). 내가 그렇게 보는 이유는, 무엇보다 먼저 현대의 많은 수도사가 소외된 사람, 사회의 변두리로 밀려난 사람, 가난한 사람을 보살피는 일에 참여하기 때문이다.

예를 들어, 베네딕트회 블루 클라우드 수도원의 수도사들은 사우스다코타주에 정착해서 노스다코타주와 사우스다코타주에 거주하는 미국 원주민(인디언)을 위해 사역한다. 그곳 수도사들은 교회와 학교를 세웠고, 미국 원주민들의 문화 공예품과 그들의 역사에 관한 참고자료를 전시하는 한 박물관에 장소를 제공했다(지금은 세상을 떠난 스탄 신부가 매우 박식한 관리자 역할을 했다).

또한 그곳 수도사들은 남미 과테말라에 수도원을 세웠다. 그들은 과테말라 현지 주민들이 엮어 짠 아름다운 옷감을 들여왔는데, 그 옷감으로 세바스찬 수사가 만든 제의(祭衣. 제단에 씌우는 천과 사제복)를 사우스다코타주와 노스다코타주에 있는 로마 가톨릭교회의 거의 모든 성직자가 구입했다(그래서 우리 집 옷장에도 걸려 있다). 그들은 거기서 얻은 수익금을 과테말라 현지 주민들에게 나눠주었다.

베네딕트회 수도사들은 예술 분야를 지원하고, 도시 빈민가에서 학교를 성공적으로 운영하며, 병원을 운영하고, 노인을 돌본다(이런 일들은 계속 이어지고 있다). 따라서 위와 같은 케이시의 평가는 현대의 수도사들이 더욱더 분발하라는 뜻으로 받아들일 수 있을 것이다. 그러나 수도사들에 대해 일반적으로 오해하는 사람들이 흔히 사실이라고 주장하거나 개신교 종교개혁자들이 동시대 수도사들에 대해 생각한 것처럼, 현대의 수도사들이 세상과 담쌓고 수도원에만 틀어박혀 지내는 것은 아니다.

동시에 우리는 누군가에게 손가락질할 때 나머지 세 손가락은 나를 향해있다는 것을 유념해야 한다. 위에 인용한 케이시의 발언에서 '수도사와 수녀들', '수도사들'이라는 말을 '그리스도인이라고 공언하는 사람들'로 바꾸기만 하면, 수도사와 수녀를 향한 케이시의 질책이 우리 개신교 신자를 향한 꾸짖음으로 다가온다. 우리는 케이시가 비난하는 것처럼 우리의 잘못을 책임져야 한다. 물론 우리는 영구적인 서약 때문에 그리스도인의 책임을 다하지 못하게 방해받지는 않겠지만, 성인 장난감, 일 중독, 단순한 무관심 같은 요인들 때문에 방해받을지도 모른다.

수도원제도가 개신교에 주는 유익

그렇다면, 수도원제도가 개신교 신자에게 도움을 줄 수 있을까? 종교개혁자들은 어느 정도 그렇다고 생각했다. 칼빈과 루터는 둘 다 초기 수도회 창설자들을 칭송했다. 특히 안토니(Antony. 최초의 은둔 수도사로 인정받는), 어거스틴, 프랜시스(Francis) 같은 인물들이다. 루터는 성경의 족장들[31]이 '하나님의 일과 기이한 행적'을 잘 알았지만 그들의 후손인 이스라엘 백성들

---

31) patriarchs. 보통 아브라함, 이삭, 야곱을 말함.

은 몰랐던 것처럼, 초기의 수도사들은 칭송받을 만했지만, 중세 후반 수도원의 상황은 그렇지 않다는 것을 비교해서 설명했다.

루터는 중세 후반의 수도사들이 하나님의 일과 기이한 행적을 알아가는 대신 "경건하고 덕스러운 삶을 구성하는 요소들을 진정으로 이해하는 데 이르지 못한 채로" 규칙과 계율과 관습을 지키려고 속을 태우면서 걱정한다고 말했다. 그리고 루터는 수도원과 작은 수도원들이 한때 그들의 삶을 규제했던 생활방식으로 돌아가는 것이 치료법이라는 뜻을 내비친다. 즉 성경 말씀, 기독교 윤리, 세상을 이끄는 교회의 지도력, 설교법 등을 서약의 제약을 받지 않는 '학생들'(특히 젊은이들)에게 가르치는 기독교 학교의 역할을 했던 때로 돌아가는 것이다.[113]

칼빈은 루터와 마찬가지로, 어거스틴이 《The Morals of the Catholic Church》(가톨릭교회의 윤리에 관하여)에서 기술한 종류의 '온건한 수도원제도'를 칭송한다.[114] 칼빈도 초기의 수노원들이 '수도원 대학' 혹은 '교회의 성직자를 키우는 신학교' 역할을 했다고 말한다. 그는 "독실한 사람들이 더 적절하게 더 잘 훈련받아 교회를 이끄는 큰 직무를 잘 감당할 수 있도록 관례적으로 수도원의 훈련을 통해 자신을 준비했다"라고 말하는 한편, "그런 사람들이 경건함을 키우려고 공동체를 이루었는데 형제 사랑이라는 목표로 자신들의 규칙을 누그러뜨렸다"라고 말한다.[115] 이렇게 칼빈은 루터와 마찬가지로, 초기 수도사들의 실천에 관해 어거스틴이 설명한 내용을 표준으로 삼아 그 시대의 수도원 제도에 대한 결함을 판단해야 한다고 말한다.

사실 그것이 바로 제2차 바티칸공의회가 〈완전한 사랑〉(Perfectae Caritatis)이라는 제목의 문서에서 발표한 명령이다. 그들은 수도생활에 관한 지침을 주면서, 수도원이 창설된 초창기의 정신과 카리스마를 다시 발견하라고 권고했다. 베네딕트회 수도사들은 그 권고를 진지하게 받아들였고, 오늘날에도 곳곳에 남아있는 베네딕트회 수도원들은 베네딕트의 이상을 따라 '주님을 섬기기 위한 학교'로서 살아간다. 츠빙글리, 루터, 칼빈이 이 시대에 살고 있다면 아마도 그런 베네딕트회 수도원에 깊이 감명받을 것이다.

∷ 베네딕트회 영성을 실천하기 위한 제안 ∷

1 매일 적어도 2회 시간을 정해놓고 기도하라.

2 하루에 최소한 1회 성경을 읽고 묵상하라.

3 침묵하는 시간을 실천하라.

4 묵상하는 방식의 기도를 매일 실천하라.

5 우리는 일상의 모든 순간을 하나님 앞에서 살아간다는 점을 기억하라.

6 부분적 금식이나 온전한 금식(혹은 육류 섭취를 삼가는 금식)을 적어도
  1주일에 1회 행하라.

7 교회 예배에 참석하라. (여건이 허락되면) 최소한 주 1회 성찬식의 빵과
  포도주를 받아라.

8 함께 사는 사람, 함께 일하는 사람, 함께 예배드리는 사람을 보살펴라.

9 가정과 일상의 일(직업)을 그리스도인으로서 감당할 주된 사역으로
  여겨라.

10 다른 사람을 판단하기를 삼가고, 대신 그들을 위해 기도하라.

11 교회 사역이나 프로그램 중 적어도 한 가지에 꾸준하게 참석하라.

12 주변 환경 안에 있는 모든 물건을 경건한 마음으로 조심해서 다뤄라.

13 "그리스도의 사랑을 다른 모든 것들 앞에 놓아야 한다"라는
   베네딕트 규칙서 제4장을 명심하라.

14 가정, 직장, 교회에서 맡은 책임을 신실하게(안정되고 착실하게) 감당하라.

15 계속 인내하고 돌보면서 다른 사람을 섬겨라.

여기 소개한 15항목의 제안 내용은 2004년 6월 23일부터 27일까지 열린 '댈러스 베네딕트회 체험'(Dallas Benedictine Experience)이라는 모임에서 "베네딕트회 영성을 집에서 실천하기 위한 방법"으로 제시된 것으로, 개인의 영성을 위한 생활규칙을 발전시켜가도록 돕는다. 아래의 내용은 1973년 6월에 발표된 봉헌자 감독관을 위한 지침이다.

- 봉헌자는 그리스도와 그리스도의 교회에서 충성스럽고 활동적인 구성원으로 살려고 힘쓴다.

- 봉헌자는 그리스도인으로서 자신을 계속 새롭게 하고 개인적으로 발전하려고 힘쓴다.

- 봉헌자는 실제적인 영성을 지닌 사람으로 살려고 힘쓴다.

- 봉헌자는 기도하는 사람으로 살려고 힘쓴다.

- 봉헌자는 그리스도인의 덕성을 지닌 사람으로 살려고 힘쓴다.

- 봉헌자는 공동체 의식을 키운다.

- 봉헌자는 평화의 사람이다.

MONK HABITS
FOR EVERYDAY PEOPLE

미주

◇◇

1 원래 봉헌자(oblate)는 단어의 어원에 담긴 뜻 그대로, 중세시대 동안에 수도원에 '바쳐진' 아이들을 뜻했다. 부모들은 보통 자녀들을 수도원에 바치면서 돈도 예물로 바쳤고, 그런 아이들은 그곳에서 종교적인 훈련과 교육을 받았다. 자녀를 수도원에 바친다는 말이 현대인의 귀에는 끔찍하게 들리겠지만 부모와 수도원 양쪽 모두 유익을 보는 상황이었다. 많은 경우, 대가족을 부양하는 부모들이 자녀를 또 낳으면 그 아이를 제대로 가르칠 수가 없었다. 그러나 수도원에 바치면 대부분의 대가족 아이들이 받지 못하는 문학교육을 받을 수 있었고, 수도원은 그런 아이들을 받아 공동체를 유지할 수 있었다(베네딕트 규칙서 제59장을 참고하라).

오늘날 봉헌자는 영적 독서(특히 성경 읽기), 기도, 일을 포함하여 베네딕트회의 가르침을 일상의 삶에서 실천하고 '베네딕트 수도회의 방식으로' 날마다 하나님을 찾기 원하는 사람들을 가리킨다. 봉헌자는 특정 베네딕트 공동체와 결합해 있지만, 수도원이 아니라 세상에서 살면서 일하고 베네딕트의 규칙과 원칙을 환경에 적용한다. 또 그런 식으로 세상에 그리스도를 증언하고 복음의 메시지와 하나님의 거룩한 길을 세상에 전한다(이는 특히 베네딕트 규칙이 예수님의 가르침을 일상의 삶에 적용한 지침이기 때문이다).

봉헌자 감독관은 편지와 모임을 통해 봉헌자와 연락하면서 지침을 준다. 봉헌자는 수도사들과 수녀들이 반드시 져야 하는 수도회의 의무를 전혀 지지 않는다. 서약도 하지 않는다. 그러나 사람들은 진지하게 숙고한 뒤에 그리고 보통은 1년의 '수련 수사' 기간을 거친 뒤에 봉헌자가 된다. 마지막으로, 〈Oblate Directors' Guidelines〉(봉헌자 감독관 지침)은 다음과 같이 진술한다. "성 베네딕트의 봉헌자는 기본적으로 하나님과 다른 사람들을 섬기기 위해 자신을 바친 사람이므로 무엇보다 하나님을 드높이고 영화롭게 하려고 힘써야 하며, '범사에 하나님께서 영광을 받으시도록'(베네딕트 규칙서 제57장, 베드로전서 4장 11절을 인용한 것임)이라는 베네딕트회의 표어를 명심해야 한다."

베넷 트베텐(Benet Tvedten)이 쓴 《How to Be a Monastic and Not Leave Your Day Job》(수도사로 살면서도 일상의 직업을 버리지 않는 법)은 베네딕트회의 헌신 전반을 탁월하게 소개하는 책이다. 베넷 수도사는 봉헌자인 나의 감독관을 우연히 맡았는데 매우 좋은 감독관이다. 베넷이 언급하는 대로(위의 책 70쪽), 도로시 데이(Dorothy Day. 평화주의자, 작가, 사회운동가), 쟈크 마리땡과 라이샤 마리땡(Jacques and Raissa Maritain. 철학자 부부), 알렉 기네스 경(Sir

Alec Guinness. 배우), 워커 퍼시(Walker Percy. 소설가), 유진 매카시(Eugene McCarthy, 상원의원), 로즈 케네디(Rose Kennedy. 케네디 대통령의 모친) 같은 최근의 유명 인사들 몇 사람이 봉헌자의 삶을 살다가 세상을 떠났다. 베넷은 현재 베네딕트회의 봉헌자가 총 24,155명으로 추산된다고 진술한다(위의 책, 109쪽). "미국베네딕트학회는 현대문화 속에서 베네딕트 수도회의 유산을 가꿔 키우고, 유지하고, 전달하는 것을 목표로 삼는 비영리 단체다. 이 단체는 회원들의 학문 연구, 다양한 학문 분야 간의 협력 연구, 저술, 상호 간의 협력을 후원하고 장려한다. 그 단체는 오늘날 21세기에 베네딕트 수도회의 가치들이 직면한 도전에 대해 창의적으로 생각하고 토론하게 이끄는 촉매제 역할을 한다"(미국베네딕트학회 웹 사이트에서 인용함). 미국베네딕트학회는 다양한 활동과 출판을 통해, 특히 〈The American Monastic Newsletter〉라는 출판물을 통해 그런 목표를 이룬다. 이 출판물은 베네딕트 수도회의 유산과 관련된 주제에 초점을 맞추고 격년제로 열리는 총회와 분기마다 발행한다.

2 개신교 종교개혁자들이 수도원제도를 반대한 이유와 존 카시안이 서구세계 교회에서 진가를 인정받지 못한 이유를 설명한 이 책의 후기를 참고하기 바란다.

3 Richard Foster, *Celebration of Discipline*, 교정 재판. (San Francisco: Harper and Row, 1988), 1.

4 Dietrich Bonhoeffer, *Cost of Discipleship*, (New York: Touchstone, 1995), 46. 초판은 1959에 나왔는데, 이는 풀러(R. H. Fuller)가 번역하고, 부스 (Irmgard Booth)가 약간 손을 본 번역본이다.

5 베네딕트는 AD 480년, 이탈리아 누르시아의 움브리아 지방 산악지대의 상류층 집안에서 태어났다. 교양과목을 배우려고 이른 나이에 로마로 갔지만 1년이 지나 종교적으로 회심한 뒤에 공부를 그만두고 로마를 떠났다. 이후에는 당시 엔피데라고 불리던 로마 동쪽의 어떤 도시에서 한 무리의 금욕주의자들과 몇 해를 보냈다. 그의 전기를 기록한 교황 그레고리 1세에 따르면 그가 거기에서 최초로 이적을 행했다고 한다. 20세쯤에는 수비아코 지방으로 갔고, 빵을 가져다주는 이웃 수도자 한 사람의 보살핌을 받으면서 그곳 산지에서 혼자 3년을 살았다. 그의 평판이 높아지자 어떤 수도원(전해지는 바로는 '비카바로' 수도원이라고 한다)의 수도자들이 찾아와, 그들의 수도원 원장이 세상을 떠났으니 그만 은둔생활을 접고 그 직무를 대신 맡아달라고 설득했고 그는 마지못해 수락했다. 그의 전기를 기록한 교황 그레고리 1세는 베네딕트가 너무 엄격하고 힘든 일들을 요구한다는 것을 그들이 알고 난 뒤에 그의 음료에 독을 타 독살하려 했다고 말한다. 그러나 모두 모여 음료를 마시기 직전에 베네딕트가 음료를 축복하자 독을 탄

주전자가 박살나면서 거기 독이 있다는 게 드러났고 음모도 폭로되었다. 베네딕트는 하나님의 은혜로 아무 해도 입지 않았고 목숨을 건졌다.

베네딕트는 수비아코 지방으로 돌아왔다. 그리고 많은 이들이 그의 제자가 되려고 주변에 몰려들었다. 마침내 그는 수도원 열두 곳을 세웠다. 각각의 수도원이 다 산지에 있었고, 수도원마다 열두 명의 수도사들과 그들을 감독하는 한 명의 원장으로 구성되었다.

본문에서 언급했듯이 베네딕트는 50세쯤에 몬테카시노에 수도원을 세우고 거기서 여생을 보냈다. 그는 거기에서 수녀인 여동생 스콜라스티카를 1년에 한 번씩 만났다고 한다. 그레고리 1세의 설명에 따르면, 그가 마지막으로 여동생과 만났을 때 기적적인 폭풍 때문에 그 기간이 오래 연장되었고 덕분에 베네딕트의 여동생은 자기 오빠가 죽기 직전에 더 많은 시간을 함께 보냈다고 한다.

교황 그레고리 1세가 저술한 《대화집》(Dialogues)은 베네딕트의 생애에 관한 유일한 이야기다. 그러나 사실들을 분별하려면 전설을 체로 걸러내야 한다. 그럼에도 불구하고 베네딕트가 작성한 규칙은 늘 옆에 두기 바란다. 그 규칙은 베네딕트가 어떤 인물인지를 글로 보여주는 매우 훌륭한 초상화다.

6 라틴어 '레굴라'(regula)는 '규칙'이라고 번역되는데, 복음대로 살면서 그리스도인의 덕성을 가꾸고 키우기 위한 실제적인 지침을 일컫는다(베네딕트 규칙서 서문 제21절에서 인용함). 수도원의 규칙서는 구약성경의 지혜문학과 유사하다(율법과는 유사하지 않다). 그것을 작성한 사람들은 고결하고 높은 곳에서 전해 받은, 시간을 초월한 추상적인 규칙들을 바탕으로 하기보다 수도자로서 실제 체험한 삶을 토대로 지혜의 전통을 후대에 물려주었다.

AD 6세기에 수도원 '규칙서'(유스티니아누스 황제의 법을 성문화한 로마법전을 본떠서 만든 수도생활 규칙)는 어떤 수도원 한 곳에서 생활하는 수도사들의 일상을 규제하는 기능만 했다. 따라서 베네딕트 규칙은 그가 세운 몬테카시노 수도원에서 생활하는 수도사들만을 위한 지침이었다. 그러나 당시 수도원들은 종종 여러 규칙서들을 사용했고 각각의 규칙서에서 자신들의 형편에 유용하다고 생각하는 항목들을 택해서 따랐다. 베네딕트의 규칙서는 파코미우스(Pachomius)의 규칙서와 같은 이집트 전통(동방전통), 바질(Bazil)의 규칙서와 같은 카파도키아 전통(동방전통), 어거스틴의 규칙서와 같은 북아프리카 전통(서방전통)의 영향을 받았다. 베네딕트의 규칙서는 바질의 규칙서보다 어거스틴의 규칙서에 더 직접적인 영향을 받았지만, 파코미우스의 규칙서의 영향을 가장 크게 받았다. 파코미우스 규칙서는 4세기의 영성신학자 존 카시안을 통해 들어오고 나중에는 〈The Rule of the Master〉(스승의 규칙서. AD 500년 직후에 미지의 저자가 작성한 수도 규칙서)를 통해 들어온 것이었다. 이 규칙서들은 모두 코에노비움(수도원)에서 생활하는 수도사들의 삶을 규제하려는 목적을 띠고 있었다.

당시 사람들은 성경이 근원적인 규칙이라고 생각했다. 그러나 수도원제도가 발달하면서 교리와 준수사항들도 복잡해졌고 수도생활과 관련된 성경 구절들을 해석하는 전통도 발달했다. 서구세계는 이런 전통을 동방에서 물려받아 서구의 환경에 알맞게 변경했다. 이렇게 사람들은 각각의 독특한 공동체에 전통(궁극적으로는 성경으로 거슬러 올라가는)을 적용하려고 수도규칙을 작성했다.

베네딕트는 다양한 활동이나 개인적인 영향력을 통해서가 아니라, 그가 작성한 수도규칙을 통해 후대에 영향을 미쳤다. AD 577년에 랑고바르드족이 몬테카시노를 약탈한 뒤에 이탈리아에서 베네딕트의 규칙이 어떤 운명을 맞이했는지는 알 길이 없다. 게르만족 왕국들과 특히 갈리아(현재의 프랑스) 지역에 흩어진 베네딕트회 수도사들이 베네딕트의 규칙을 이어가지 않았을까 싶다.

7 "It's Not All about You, Froshies," *Los Angeles Times*, August 28, 2005, M3.

8 Michael Casey, 시토 수도회의 수도사, 《A Guide to Living in the Truth》(진리 안에서 살기 위한 지침서. Ligouri, MO: Ligouri/Triumph, 2001) 15쪽. 케이시는 베네딕트 규칙서 제6장 8절의 웃음과 관련된 지침, 곧 "우리의 더 중대한 악덕 몇 가지를 줄일 때까지 웃음을 제거하기 위한 조직적 활동을 연장해도 아무런 해가 없을 것이다"라는 지침이 "베네딕트답지 않은 가혹한 권고"라고 생각하지 않는다(위의 책, 176쪽).

9 Mark Noll, *The Scandal of the Evangelical Mind* (Grand Rapids: Eerdmans, 1994)를 참고하라.

10 베네딕트 수도회에 속한 사람들은 자신들이 묵상하는 이들인지 아닌지를 놓고 토론한다. 그 이유는 특히 베네딕트의 규칙에 '콘템플라티오'(contemplatio. 묵상 혹은 명상)라는 단어가 없기 때문이다. 베네딕트회에 속한 사람들 대부분은 묵상과 고요함에서 완전한 덕행을 찾을 수 있는 것이 아니라(베네딕트의 규칙에 큰 영향을 미친 고대의 신학자 존 카시안은 묵상과 고요함에서 완전한 덕행을 찾을 수 없다고 못 박았다) 자선과 겸손과 공동체 생활의 순종에서 찾을 수 있다고 생각하기를 더 좋아한다.

11 John Calvin, *Institutes of the Christian Religion*, John T. McNeil 편집. Ford Lewis Battles 번역. (Philadelphia: Westminster Press, 1960), 제3권 6장 4절을 참고하라.

12 Stanley Grenz, *Theology for the Community of God* (Grand Rapids:

Eerdmans, 2000), 15. (Donald Dayton의 말을 인용한 것임).

13 Rule of Benedict 1980: *The Rule of St. Benedict in English*, Timothy Fry 편집. Order of St. Benedict (Coloegeville, MN: Liturgical Press, 1982).

14 John Getlin, "Time Spent Watching Television Increases," *Los Angeles Times*, 2006년 9월 22일. 오늘날 디지털 음악 재생장치, 휴대전화, DVD, 위성 라디오가 TV와 경쟁하고 있음에도 불구하고 이 통계는 역대 최고다.

15 Richard John Neuhaus, *Death on a Friday Afternoon* (New York: Basic Books, 2000), 5-6.

16 예를 들어 칼빈의 《기독교강요》 1권 15장 1-4절, 2권 2장 12절, 3권 3장 9-11절을 참고하라.

17 Esther deWaal, *Seeking God: The Way of St. Benedict* (Collegeville, MN: Liturgical Press, 1984), 23.

18 시토 수도회는 베네딕트의 실천을 기존보다 더 엄격하게, 더 원형에 가깝게 확실히 세우기 원하는 수도사들이 1098년 프랑스의 시토에 설립했다. 그 수도회가 유럽 거의 전역과 동쪽의 라틴 지역으로 빠르게 퍼지면서 끌레르보 베르나르가 초기의 떠오르는 스타 중 한 사람이 되었다. 종교개혁이 일어나기 직전, 시토회 수도원은 거의 700곳에 달했다. 당시 대부분의 수도원이 규정을 문자 그대로 지키는 데서 벗어나 그 속에 담긴 정신을 높이기 시작한 추세였고 시토회 수도원들도 여기에 예외가 아니었다. 또 많은 수도원의 경우처럼, 얼마 후 더 엄격한 시토회 수도사들 집단이 일어나 초기 창설자들의 비전을 회복하려고 시도했다. 이 개혁집단은 라 트라페 수도원을 중심으로 프랑스에 자리 잡았다. 엄밀하게 말해서 그 개혁집단은 '엄격 준수 시토회'(Cistercians of the Strict Observance) 혹은 '개혁 시토회'(Reformed Cistercians)라고 불리지만, 그들이 라 트라페 수도원을 중심으로 자리 잡았기 때문에 사람들은 종종 트라피스트 수도회라는 명칭을 시토 수도회와 연결했다. 오늘날 많은 이들은 켄터키주의 겟세마네 대수도원을 연상시키는 시토회 수도사 토머스 머튼의 저작들에 친숙할 것이다. 프랑크 비앙코(Frank Bianco)가 쓴 《Voices of Silence: Lives of Trappists Today》 (침묵의 소리: 현대 트라피스트 수도자들의 생활상)를 읽으면 시토회의 수도생활을 흥미롭게 알아갈 수 있다.

19 Columba Stewart, *Prayer and Community: The Benedictine Tradition* (Maryknoll, NY: Orbis, 1998), 51.

20 Anthony Bloom, *Beginning to Pray* (Ramsey, NJ: Paulist, 1970), 68.

21 Casey, *Guide to Living*, 261.

22 이는 리처드 니버(H. Richard Neibuhr. 1894-1962. 미국의 신학자, 철학자)가 《책
임적 자아》(The Responsible Self)(Louisville: Westminster John Knox, 1999)
126쪽에서 주장하는 기본적인 논점과 유사하다. "하나님께서는 당신에게 영향
을 미치는 모든 행동 안에서 활동하신다. 그러므로 당신에게 영향을 미치는 모
든 행동에 대해서 하나님께 반응하듯이 반응하라."

23 Bloom, *Beginning to Pray*, 45-46.

24 Casey, *Guide to Living*, 174.

25 위의 책, 165.

26 Bloom, *Beginning to Pray*, 41-42쪽.

27 deWaal, *Seeking God*, 102쪽.

28 Richard Foster, *Freedom of Simplicity*, 편집 재판. (San Francisco: Harper,
1998), 110-111.

29 베네딕트 규칙서 제4장 44절-49절, 7장 11절을 참고하라.

30 Columba Stewart, *Prayer and Community: The Benedictine Tradition*
(Maryknoll, NY: Orbis, 1998), 88.

31 Casey, *Guide to Living*, 123.

32 콜룸바 스튜어트는 존 카시안의 저작들에 담긴 정결이라는 주제에 대해 자세히
설명하면서 정결(하나님의 은혜를 요구하는)을 단순한 자제(인간의 의지력을 의지
하는)와 대조시켜 논한다. 존 카시안은 베네딕트회 영성의 기초를 이루는 영성신
학을 세운 어거스틴과 동시대인 5세기의 신학자였다. 스튜어트의 책 《Cassian
the Monk》(수도사 카시안. Oxford: Oxford University Press, 1998) 제4장을
참고하기 바란다. 명백하게도, 인간의 의지력은 충분하지 않다. 복음주의적 사
회참여를 강조하는 캐나다의 신학자 로널드 사이더(Ronald Sider)는 《그리스도
인의 양심선언》(The Scandal of the Evangelical Conscience)이라는 저서에서,
혼전순결을 서약한 십대 청소년 88퍼센트가 혼전 성관계를 했다고 보고한 콜룸
바와 예일대학의 연구를 인용한다.

33 Thomas Merton, *The Seven Storey Mountain* (New York: Harcourt, Brace,
1948), 372.

34 존 도버슈타인(John Doberstein)이 번역하고 서문을 기록한 디트리히 본회퍼의
《말씀 아래 더불어 사는 삶》(Life Together. San Francisco: Harper and Row,
1954) 26-30쪽을 참고하라. 그리고 그 부분을 아래와 같은 내용의 베네딕트 규
칙서 5장 12절과 비교해보라. "그들은 더 이상 자신들의 변덕과 성향에 굴복하
면서 자신의 판단에 근거하여 살지 않는다. 그들은 서로의 결정과 지침을 따라

걸으며, 수도원에서 살기로 선택하고, 수도원장에게 지휘받기를 결심한다." 어떤 수도사가 수도원에 들어갈 때 그 사람은 공동체를 바꿔놓기 시작하는 것이 아니라, 공동체 생활을 하면서 변화되기 시작한다. 이는 배우자를 바꿔놓으려고 결혼생활을 시작하면 안 되며, 배우자 쌍방이 약속 관계를 맺어 서로 변화되려고 결혼생활을 시작해야 한다는 점과 매우 흡사하다.

35 Casey, *Guide to Living*, 89.

36 Stewart, *Prayer and Community*, 54-55.

37 위의 책, 65쪽.

38 Brian C. Taylor, *Spirituality for Everyday Living: An Adaptation of the Rule of St. Benedict* (Collegeville, MN: Liturgical Press, 1989), 26.

39 위의 책, 27-28쪽.

40 Joan Chittister, 베네딕트 수도회 수도사, *Wisdom Distilled from the Daily: Living the Rule of St. Benedict Today* (New York: Harper and Row, 1990), 139.

41 Casey, *Guide to Living*.

42 Columba Stewart, "*The Desert Fathers on Radical Honesty about the Self*," Sobernost 12 (1990): 25-39, 131-156; Vox Benedictina8에서 증쇄 (1991); 7-53쪽을 참고하라.

43 Casey, *Guide to Living*, 26.

44 위의 책, 18-21쪽. 네 가지 중에서 첫 번째 사실은 말할 필요도 없어 보이겠지만, 케이시는 자신이 신이 아니라는 것을 망각하는 사람들이 종종 자신이 인간이라는 점을 스스로 용서하지 못한다고 일깨운다.

45 Joan Chittister, *The Rule of Benedict* (New York: Crossword, 1992), 70쪽을 참고하라.

46 Casey, *Guide to Living*, 66, 42-43쪽도 참고하라.

47 스튜어트는 겸손에 관한 장이 앞에 나오는 두 장의 요점을 되풀이한다고 말한다. 겸손은 말을 자제하는 태도 및 복종과 불가분의 관계다. 《Prayer and Community》(기도와 공동체) 56쪽.

48 위의 책, 57쪽.

49 Donald Mliller, *Blue like Jazz* (Nashville: Thomas Nelson, 2003), 20-22쪽.

50 Stewart, *Prayer and Community*, 68.

51 Casey, *Guide to Living*, 130.

52 위의 책 같은 쪽.

53 위의 책 82쪽을 참고하라.

54 칼빈의《기독교강요》3권 3장 9절을 참고하라. "그러므로 한마디로 말해서, 나는 회개를 '다시 태어나는 것'(칼빈이 성화의 뜻으로 사용하는 동의어 중의 하나다)이라고 본다. 회개의 유일한 목적은 아담의 범죄 때문에 일그러지고 사실상 흔적도 없이 지워진 우리 안에 있는 하나님의 형상을 회복하는 것이다."

55 Casey, *Guide to Living*, 10-11쪽을 참고하라.

56 Stewart, *Prayer and Community*, 68.

57 초대교회의 성만찬 거행은 식사, 곧 아가페 식사(agape meal. 신자들이 저마다 가져올 수 있는 만큼의 음식을 교회에 가져와 모두 함께 먹는 만찬으로 성도의 사랑과 친밀한 교제가 기본적인 취지다. -역자 주) 혹은 애찬식(love feast)과 관련되어 있었다(따라서 초대교회의 성만찬은 모두 함께 모여 식사를 같이해야 하며, 자기가 가져온 음식을 먼저 먹으면 안 된다고 바울이 고린도전서 11장에서 권면한 말과도 관련되어 있었다). 본질적으로, 블루 클라우드 수도원의 수도사들은 목요일 저녁마다 그런 식사를 모방하고 있었다. 학생들과 나는 그런 아이디어를 한동안 대학에 적용해서 금요일 저녁마다 학생식당의 특별한 공간에서 우리와 함께 식사하기 원하는 학생들을 초대했고, 식사가 끝난 뒤에는 성찬식을 베풀었다.

58 연합군이 제2차 세계대전에서 이탈리아에 주둔한 독일군대를 무찌르기 위해 몬테카시노 지역을 차지하려는 전투를 벌인 행위를 정당화하는 것은 가능할 수도 있다. 그러나 거기 있는 수도원을 파괴할 필요가 있었느냐 하는 점은 논쟁의 여지가 있다. 몬테카시노 지역 출신의 이탈리아인 한 사람은 연합군이 몬테카시노 수도원을 폭격한 사건이 이탈리아인들이 영국의 웨스트민스터 사원(Westminster Abbey)을 폭격하는 것과 똑같다고 말했다. 당시 몬테카시노 지역을 차지한 독일인들은 부대가 수도원 건물을 점령하지는 않겠다고 바티칸에 약속했는데 그 약속을 지킨 것처럼(비록 그들이 수도원 주변에 군데군데 주둔하기는 했지만) 보인다. 당시 미국의 육군 사령관 중에 수도원 폭격이 정당하다고 생각한 사람은 아무도 없었지만, 영국의 해럴드 알렉산더 장군은 진격 중인 연합군의 사기에 끼칠 영향을 주로 노리고 몬테카시노 수도원 폭격을 감행했다고 인정했다. 그 폭격 결과, 수도원 건물 전체가 파괴되고 대문 한 짝만 달랑 남았다. 그런데 여기서 아이러니한 점은 제2차 세계대전 주축 국가들을 대표해 몬테카시노에서의 저항을 책임진 독일군대 사령관 프리도 폰 셍어 장군이 베네딕트회 봉헌자였다는 것이다. 또한, 그날 폭격이 있기 전에 임박한 파괴 위험과 가능한 피신 대책을 논하려고 수도원장을 만난 독일 병사 두 명 모두가 연합군이 수도원을 폭격하겠다는 위협을 실행에 옮기지는 않을 것이라고 분명히 결론지었다는

사실이다. 그 수도원을 마지막으로 둘러본 외국인은 독일 군대의 다이버 중위였는데, 수도원장이 다이버 중위와 회의를 한 뒤에 수도원을 둘러보라고 그에게 청했다고 한다. 그러나 그로부터 몇 시간도 지나지 않은 1944년 2월 15일, 몬테카시노 수도원은 폐허가 되었다. 매튜 파커(Matthew Parker)가 쓴 《Monte Cassino: The Hardest-Fought Battle of World War Ⅱ》(몬테카시노: 제2차 세계대전 최대의 격전지. New York: Anchor, 2004) 149-183쪽을 참조하라. 또한 트베텐(Tvedten)의 《How to Be a Monastic and Not Leave Your Day Job》(수도사로 살면서도 일상의 직업을 버리지 않는 법) 70쪽도 참고하라.

59 Carl E. Braaten and Robert W. Jenson, *The Two Cities of God: The Church's Responsibility for the Earthly City* (Grand Rapids: Eerdmans, 1997), 뒤표지.

60 John L'Heureux, *One Eye and a Measuring Rod* (New York: Macmillan, 1968).

61 그리스도인들이 교회를 자신의 핵가족보다도 더 위에 있는 '첫째가는 가족'으로 여겨야 한다는 개념을 알고 싶으면 로드니 클랩(Rodney Clapp)의 《Families at the Crossroads》(갈림길에 놓인 가족들. Downers Grove, IL: InterVarsity Press, 1993) 4쪽을 참고하라.

62 베넷 트베텐(Benet Tvedten)은 《The View from a Monastery》(수도원에서 본 광경)라는 책에서 익살스럽고 예리한 이야기들을 전하면서 그런 정서를 표현한다.

63 토머스 켈리는 모든 것들에 다 "예"라고 말하기 때문에 몹시 괴롭게 살아가는 이들의 특징을 나타내려고 그 어구를 사용한다. 그는 우리가 모든 십자가 위에서 죽지는 못한다는 점을 일깨운다. 켈리는 베네딕트회의 전통보다는 퀘이커 교도의 전통을 따르지만, 그의 책은 통찰력이 가득하며 교훈적이다. 더글러스 스티어(Douglas V. Steere)가 전기처럼 추억담을 곁들여 쓴 《A Testament of Devotion》(New York: Harper and Row, 1941) 114쪽을 참고하라(한국어로는 《영원한 현재》라는 제목으로 출판되었다. -역자 주).

64 Henri Nouwen, *The Genesee Diary* (New York: Doubleday, 1981), 77.

65 Robert Louis Wilken, *The Spirit of Early Christian Thought: Seeking the Face of God* (New Haven: Yale University Press, 2003), 78.

66 Casey, *Guide to Living*, 272.

67 Rowan Williams, *Christian Spirituality: A Theological History from the New Testament to Luther and St. John of the Cross* (Atlanta: John Knox, 1979), 105.

68 위의 책, 94-95쪽.

69 Casey, *Guide to Living*, 130.

70 John Henry Newman, *An Essay on the Development of Christian Doctrine*, 1장 1절을 참고하라.

71 Stewart, *Prayer and Community*, 118.

72 Bonhoeffer, *Life Together*, 69-70.

73 여기서 내가 말하는 내용 몇 가지는 2004년 8월 12일에서 14일까지 성 베네딕트 수도원(성 요셉 수도원)에서 열린 미국 베네딕트학회 격년제 총회에서 테렌스 카르동(Terrence Kardong), 아이린 노웰(Irene Nowell), 숀 카루스(Shawn Caruth)가 발표한 다양한 의견에 기초한 것이다. 숀 카루스가 발표한 내용은 〈The American Benedictine Review〉(2006년) 제57권 2호에 실렸다.

74 Justin McCann, *Saint Benedict* (New York: Sheed and Ward, 1937), 20.

75 Stewart, *Prayer and Community*, 68.

76 "대체문화와 평행문화"로서의 교회라는 개념에 대해 알고 싶으면 마르바 던(Marva Dawn)의 《Is It a Lost Cause? Having God's Heart for the Church's Children》(실패한 운동인가?: 교회의 자녀들을 위해 하나님의 마음을 갖기. Grand Rapids: Eerdmans, 1997) 48-49쪽을 참고하라.

77 콜룸바 스튜어트(Columba Stewart). 베네딕트회 수도사이며, 미네소타주 컬리지빌에 있는 성요한대학(St. John University)의 교수다(그리고 성요한 수도공동체[St. John's monastic community]의 회원이다). 그는 1996년 미국 베네딕트학회 대회 강연에서 존 카시안과 교황 그레고리 1세의 저작 속에 가득한 종말론적 인식에 대해 주목할 수 있게 이끌어준 최초의 인물이다. 프랑스의 사회학자이며 신학자인 자크 엘룰(Jacques Ellul)은 우리 그리스도인들이 폭발력을 지닌 하나의 힘으로 미래를 현재로 불러들여야 한다고 주장하면서 이 종말론적 의식을 잘 표현했다. 우리는 역사의 방향을 하나님의 미래를 향한 쪽으로 틀어서 창출하는 데 한몫을 해야 한다. 그리고 그 과정에서 유익한 수도원 방식의 삶을 따라 살면서, 현재 완벽한 형태로 나타나지는 않지만 베네딕트의 이상을 따라 사는 사람들이 모범을 보이는 실체를 기준으로, 판단하고 변화되라고 '세속적인 세상'에 요구할 수 있다. 자크 엘룰의 《The Presence of the Kingdom》(Colorado Springs: Helmers and Howard, 1989) 38쪽을 참고하라(한국어로는 《세상 속의 그리스도인》이라는 제목으로 출판되었다. -역자 주).

78 레슬리 뉴비긴(Lesslie Newbigin)의 《The Gospel in a Pluralist Society》(Grand Rapids: Eerdmans, 1989) 제18장을 참고하라. 여기서 뉴비긴은 이 어구

를 사용하여 교회 회중을 언급한다(한국어로는 《다원주의 사회에서의 복음》이라는 제목으로 출판되었다. -역자 주).

79 Lesslie Newbigin, *Foolishness to the Greeks* (Grand Rapids, Eerdmands, 1986), 64.

80 Ellul, *Presence of the Kingdom*, 25.

81 C. Rene Padilla, *Mission Between the Times: Essays on the Kingdom* (Grand Rapids: Eerdmans, 1985), 55.

82 Stanley Hauerwas and William H. Willimon, *Resident Aliens: Life in the Christian Colony* (Nashville: Abingdon, 1989), 72.

83 Alisdair MacIntyre, *After Virtue* (Notre Dame, IN: Notre Dame University Press, 1984), 263.

84 John Cassian, *The Conferences*, Boniface Ramsey가 번역하고 주해를 넣음(New York: Paulist, 1997), 474.

85 Owen Chadwick, *John Cassian: A Study in Primitive Monasticism* (Cambridge: Cambridge University Press, 1950).

86 Columba Stewart, *Cassian the Monk*.

87 위의 책, 78쪽.

88 이런 개념에 관한 카시안의 책을 직접 읽고 싶다면, 카시안의 《담화집》 제13권 9장 5절, 14장 9절, 16장 1절과 같은 단락을 참고하라.

89 Casey, *Guide to Living*, 56-57.

90 David Steinmetz, *Calvin in Context* (New York: Oxford University press, 1995), 188-192쪽을 참고하라.

91 츠빙글리가 저술한 《Commentary on True and False Religion》(참된 종교와 거짓된 종교에 관한 주해. 특히 22부), 칼빈의 《기독교강요》(특히 4권 13장), 루터의 논문 몇 편("An Appeal to the Ruling Class", "On Monastic Vows", "An Answer to Several Questions on Monastic Vow" 같은)을 보면 이런 부차적인 자료들 말고, 종교개혁자들이 수도원제도를 비판한 내용들을 읽을 수 있다.

92 Steinmetz, *Calvin in Context*, 194.

93 Ulrich Zwingli, *Commentary on True and False Religion*. Samuel Macauley Jackson, Clarence Nevin Heller 공동편집 (Durham, NC: Labyrinth, 1981), 264. 세대주의자들이 전혀 다른 의미와 이유로, 산상수훈의 요구사항을 지킬 의무를 그리스도인들에게 면제해준다는 점은 흥미롭다.

94 Martin Luther, "The Judgment of Martin Luther on Monastic Vows",

《Luther's Works》(루터의 글들 44권에 수록된 〈The Christian in Society〉[사회 안에서의 그리스도인]. St. Louis: Concordia Publishing House, 1955-) 288쪽을 참고하라.

95 위의 책, 291쪽.

96 위의 책, 285쪽.

97 위의 책, 295쪽.

98 위의 책, 280쪽.

99 위의 책, 282쪽, 326쪽, 376-377쪽.

100 위의 책, 391쪽.

101 Calvin, *Institutes*, 4권 13장 3절.

102 Zwingli, *Commentary*, 261-262.

103 Calvin, *Institutes*, 4권 13장 3절.

104 Luther, "Judgment of Martin Luther," 384.

105 Stewart, *Cassian the Monk*, 71쪽. 이 단락에서 논하는 내용에 대해 더 알고 싶으면 그 책 4장을 참고하기 바란다.

106 Luther, "Judgment of Martin Luther," 252-254, 294-296.

107 위의 책, 304쪽.

108 Calvin, *Institutes*, 제4권 13장 4절.

109 Steinmetz, *Calvin in Context*, 193-194. 칼빈의 《기독교강요》 제4권 5장 8 절을 참고하라.

110 Calvin, *Institutes*, 제4권 13장 16절. 루터의 "Judgment of Martin Luther" 361쪽과 비교하라.

111 Zwingli, *Commentary*, 262.

112 Casey, *Guide to Living*, 7.

113 존 딜렌베르거가 편집하고 서론을 단 《Martin Luther: Selections from His Writings》(마르틴 루터: 루터 선집. Garden City, NY: Anchor, 1961)에 실린 마르틴 루터의 "An Appeal to the Ruling Class"를 참고하라. 또한 초기의 수도원 창설자들에 관한 루터의 칭송을 읽고 싶으면 《Luther's Works》(루터의 글들) 44권 253-255쪽을 보라.

114 Calvin, *Institutes*, 제4권 13장 9절.

115 위의 책, 제14권 13장 8절, 또한 슈타인메츠의 《Calvin in Context》(당시의 상황에서 본 칼빈) 193쪽도 참고하라.

수도원에서 배우는 영성 훈련

초판 1쇄 발행　　2022년 1월 19일

지은이　　데니스 오크홈
옮긴이　　배웅준

펴낸이　　여진구
책임편집　　최현수
편집　　이영주 정선경 안수경 김도연 최은정 김아진 정아혜
책임디자인　　노지현 | 마영애 조은혜
기획·홍보　　김영하
마케팅　　김상순 강성민 허병용
제작　　조영석 정도봉

해외저작권　　진효지
마케팅지원　　최영배 정나영
경영지원　　김혜경 김경희

303비전성경암송학교　박정숙 최경식
이슬비전도학교 / 303비전성경암송학교 / 303비전꿈나무장학회　여운학

펴낸곳　　규장

주소　06770 서울시 서초구 매헌로 16길 20(양재2동) 규장선교센터
전화　02)578-0003　　팩스　02)578-7332
이메일　kyujang0691@gmail.com
페이스북　facebook.com/kyujangbook
카카오스토리　story.kakao.com/kyujangbook
등록일　1978.8.14. 제1-22

홈페이지　www.kyujang.com
인스타그램　instagram.com/kyujang_com

ⓒ 한국어 판권은 규장에 있습니다.
이 출판물은 저작권법에 의해 보호를 받는 저작물이므로 무단 전재와 무단 복제를 할 수 없습니다.

책값　뒤표지에 있습니다.
ISBN 979-11-6504-284-4　03230

규 | 장 | 수 | 칙

1. 기도로 기획하고 기도로 제작한다.
2. 오직 그리스도의 성품을 사모하는 독자가 원하고 필요로 하는 책만을 출판한다.
3. 한 활자 한 문장에 온 정성을 쏟는다.
4. 성실과 정확을 생명으로 삼고 일한다.
5. 긍정적이며 적극적인 신앙과 신행일치에의 안내자의 사명을 다한다.
6. 충고와 조언을 항상 감사로 경청한다.
7. 지상목표는 문서선교에 있다.